凜としたアジア

伊藤 千尋

まえがき

世界を知ろうとするとき、目はついアメリカや中国など大国に向きがちだ。ところが規模が大きすぎて、充分にとらえきれないことが多い。かといって、情報の少ない見知らぬ国に目を向けると、文化や風土の違いにとまどってしまう。

私たちにとって、最も理解しやすいのは遠い大国よりも近隣のアジアだ。それも小さな国である。小国だからと侮《あなど》ってはならない。そこには日本が抱えている問題を見事に解決した見本のような例もある。私たちが知るべきなのに、なおざりにしてきた歴史もある。日本と似ているようで、違うこともずいぶんと多い。何よりも、今の日本が失ってしまった圧倒的な人間のエネルギーや社会のパワーが、アジアの小国にある。

韓国では2016年に100万人規模で起きた市民の運動「民衆総決起」が政権を倒した。権力者が身近な人物に便宜を図ったことに国民的な怒りが渦巻いたのだ。なぜ、これほどの大きなうねりに発展するのか。それは歴史をひもといて初めて理解できる。

とりわけこの国が軍事政権から民主化した1988年2月がカギだ。ちょうどこの時期、私は取材のため韓国に飛んだ。そこで展開した国民の民主主義を求めるエネルギーが、その後も現在も、ことあるごとに噴出しているのを実感する。

世界には「ベトナム戦争世代」がいる。１９６８年を中心に世界で沸き起こったベトナム反戦運動を担った世代だ。私もその一人で、超大国の軍事侵攻に果敢に抵抗するベトナムの人々に共感した。しかし、共感だけでいいのだろうか。あのベトナムの人々の闘いから学ぶものがあるのではないか。戦時下ではわからなかったことも、今なら調べることができる。私はベトナムに飛んだ。

今の日本が抱える大きな問題の柱に、原子力発電所と米軍基地の問題がある。福島原発で大規模な事故が起き、まだ収拾できていないのにもかかわらず、日本政府は全国の原発を稼働しようとする。さらに世界に原発を輸出しようとする。おかしいではないか。また、世界の米軍基地は大きく減っているのに、日本ではほとんど変化がない。終戦から７０年以上もたつのに、なお日本政府は米国に従属したような政策をとる。

これに対してはフィリピンが模範となる。この国は原発を造りながら、一度も使うことなく廃炉にしてしまった。また、米海軍と空軍の基地を国民の運動で返還させてしまった。なぜそのようなことができたのかを探れば、日本にある米軍基地の将来、そして日本を自立させるための手立ても見えて来るのではないか。私はフィリピンに飛んだ。

この三つの国とは違って、あらかじめ明確な取材の意図を持っていなかったのがスリランカだ。紅茶とカレーと仏教の国である。内戦があったが、それはもう終わって穏やかな国になっているはずだ。そんなところに行ってもあまり意味がないのではないか……と思いながら探ってみた。

そこで知ったのは、この国が日本の戦後に深くかかわっていることだ。日本が戦後の国際社会にデビューするきっかけとなったサンフランシスコ講和会議のさい、スリランカの代表が「憎しみに愛を」と演説した。これがきっかけで日本軍の被害を受けた国々が、賠償問題で日本に対する態度を変えた。ならば日本にとっては恩人の国ではないか。その事情をきちんと知りたい。私はスリランカに飛んだ。

そこで目にしたもの。それが「凜としたアジア」だった。

目次

済州島のシンボル　石像トルハルバン＝2015年3月、済州島で

第一章
民衆のエネルギー
韓国

第1節　民衆総決起

1　左右に振れる政権

韓国ほど政治の変化が激しい国は稀だ。軍事政権から民主化したあと、政権は左右に大きく振れた。軍政時代の全斗煥《チョンドゥファン》大統領は裁判で死刑判決を受け（後に特赦）、左派の盧武鉉《ノムヒョン》大統領は自殺し、暗殺された朴正熙《パクチョンヒ》大統領の娘である朴槿恵《クネ》大統領は国会で弾劾され、替わって左派の文在寅《ムンジェイン》大統領が就任した。

朴槿恵は「選挙の女王」と呼ばれるほど選挙で連戦連勝だった政治家だ。それがたった1度の市民の大規模な行動で下野に追い込まれた。しかも裁判にかけられ、2審で懲役25年の実刑判決を受けている。

大統領を失脚させた原動力は、民衆の巨大なうねりだ。2016年10月から首都ソウルの光化門広場で展開した「民衆総決起」である。毎週土曜の夜に行われた抗議集会に集まったのは、初回の１０月２９日に３万人、翌週は３０万人、第３回と４回は１００万人に膨れた。第５回で１５０万人、１２月の第６回で１７０万人。韓国全土では２３２万人となった。そこまで拡大した時に韓国の国会は大統領を弾劾し、憲法裁判所は弾劾妥当と認めた。

朴槿恵が何をしたのか。旅客船セウォル号が２０１４年に沈没事故を起こし修学旅行の高校生ら３００人を超す死者・行方不明者を出した事件で、きちんと対応しなかった。女性の友人に国家機密を漏らし不正な利益を上げさせていた。だが、同様のことなら日本の政治家もしてきた。

福島の原発事故は解決していないのに、日本政府は他の原発を再稼働させた。安倍首相は友人の学園経営者に便宜を図り国会で問題になったが、なお政権の座に居続けた。日本では堂々と不正がまかり通るのに、韓国の世論は許さない。何が違うのだろうか。日本ではせいぜい１０万人規模なのに、韓国ではなぜ国民の怒りが１００万人規模の巨大な行動に発展するのだろうか。

韓国を代表する知識人で漢陽大学教授、ジャーナリストの故・李《リ》泳《ヨン》禧《ヒ》氏に生前、「日本人は元気がありませんが、なぜ韓国の人々はこうも元気なのでしょうか」と素朴に質問したことがある。彼は即座に言い放った。

「当たり前ですよ。われわれ韓国人は、あのひどい軍政時代に市民が血を流して闘い、自らの力で民主主義を獲得しました。だからわれわれは自信を持っています。日本の歴史で、市民が自分の力で政権を獲得したことが一度でもありますか」

市民が自ら政権を覆して、市民本位の政権を創りだす。韓国の人々はそれを実行した。ならば韓国の元気の秘密を知るには、当時のことを知ればいい。

その原点になる光景を、私は現地で見た。1988年2月、韓国が軍事政権から民主化したときだ。当時、軍人だった盧泰愚《ノテウ》が民主正義党の総裁として第13代大統領に就任した。選挙で平和的に政権が交代したのは、韓国の史上これが初めてだ。私は韓国の各地をめぐって、人々の動きを目の当たりにしていた。

2　抵抗の文化

まずは韓国を揺るがした2016年の大集会の熱気から伝えよう。

朴槿恵大統領を権力の座から引きずり下ろした「民衆総決起」は、毎週決まった曜日に人々が集まって抗議行動をした。それは1989年にベルリンの壁を崩壊させた当時の東ドイツのライプチヒの月曜デモと共通する。参加した市民は延べ650万人に達した。「1987年の民主化運動と比べ、今回は２倍の人が参加した」と李京柱《リキョンジュ》・仁荷大学教授は語る。

最初にデモを呼びかけたのは１９９４年に発足した参与連帯を中心とする民主労組だ。そこからさまざまな市民団体が加わり、約１５００もの団体で構成する主幹団体「国民行動」に発展した。

デモの日は市庁舎前の光化門広場にステージが作られた。コンサートやフリートークなどのプレイベントでは、ひとり３分で市民は誰でも意見を述べられた。中高校生、母親、市民など各層の枠を設けて発言を募った。

コンサートに登場したのが名高い女性歌手ヤン・ヒウンだ。歌ったのは「朝露」「常緑樹」「幸せな国へ」。３曲とも朴槿恵の父、朴正熙の軍事独裁下で民主化を求める人々が歌い、政府に禁止された抵抗歌である。集会の参加者たちも声をそろえた。

夜８時になるとロウソクを手にデモが動き出した。人々は紙コップにロウソクを刺して掲げた。後には風で火が消えないように、１本１００円ほどのＬＥＤライトが道端の屋台で売られた。転覆したセウォル号の被害者の遺族は、大きな松明《たいまつ》を掲げてデモの先頭を歩いた。

あちこちで自然発生的に歌が出た。「ハヤ、ハヤ、ハヤー」と叫ぶ「ハヤ（下野）ソング」だ。民謡「アリラン・モクトン」のメロディーに歌詞をつけた替え歌である。作詞は民衆歌謡作曲家のユン・ミンソク（本名・尹晶煥《ユンジョンファン》）だ。

彼が作詞作曲した「これが国か」は、怒りの叫びそのままだ。インパクトで市民を鼓舞した。出だしは同じく「下野」だが、力強く歌うために「ハヤ」が「ハイヤ」に聴こえる。「これが国か。犯罪者の天国、庶民は地獄、もう我慢できない。朴槿恵は今すぐ下野しろ、朴槿恵を投獄せよ」と大統領に即時退陣を迫った。

さらにデモの人波から湧き起こったのが「民衆の歌」だ。ミュージカル「レ・ミゼラブル」で革命の歌として歌われる。フランス革命のような様相を呈してきた。

光化門広場の階段では音楽大学の学生150人がオーケストラでこのメロディーを奏でた。かたわらでは学生が黒い旗を振った。朴槿恵政権の下で民主主義は死んだと訴えて。広場にテントを張り座り込みをしながら声を張り上げる歌手もいた。日本でも全国をツアーしている「サム・トゥッ・ソリ〔生・志・歌〕」のリーダー、ソン・ビョンフィだ。

2008年に米国産牛肉の輸入に反対するデモのさいにも、同じようなデモが起きた。ロウソクを手に市民が歌いながらデモをした。このとき歌われたのは大韓民国憲法第1条の歌だ。「大韓民国は民主共和国である。主権は国民に存し、すべての権力は国民に由来する」という条文にメロディーをつけ、国民的な抵抗ソングになった。しかし、「今回はその比ではないほどうねりは巨大化し、歌による抵抗の文化として定着した」と、李京柱教授は語る。

3　呪いの火柱

2017年に文在寅が大統領に就任したころから、韓国では1980年から民主化にかけての時代を描いた映画が立て続けに公開された。1980年に軍部が市民を虐殺した光州事件を描いた『タクシー運転手』は、現場に乗り込んだドイツ人記者と協力したタクシー運転手の物語だ。民主化闘争を支えた人々を主人公にした『1987、ある闘いの真実』は、韓国が軍政から民主主義に変化する前年に起きた民主化闘争を描いた。いずれも事実をもとにした作品である。

そこで描かれたのは今から30~40年も前の世界だ。それがなぜ今ごろになって映画化されるのか、不思議に思うだろう。その答えは明らかだ。当時も、その後も、このような映画を作ることが政治的に難しかったのだ。

メディアは完全に軍事政権に検閲され、事実を知ろうとした韓国のジャーナリストは取材することすら許されなかった。だから国民は、自分の国のことなのに、何が起きているのかを知らなかった。それが今、奔流のように噴出している。

光州事件とは何か。韓国南部の光州市で1980年5月、軍部による市民の大虐殺事件が起きた。地元では光州事態と呼ぶ。全斗煥や盧泰愚らのクーデターに抗議するデモを軍が武力で弾圧し、市民に実弾を発射した。抵抗する市民は武装して全羅南道の道庁を占拠した。軍は、一帯にいた市民を無差別に銃殺・撲殺した。死体を軍がひそかに運び去ったので、犠牲者の数はいまだに正確には把握されていない。死者・行方不明者は、現在認定されているだけで224人、負傷者は3000人を超す。

1980年の光州市で何が起きたのか。私自身、その重みを知ったのは事件から8年後の、先ほど〝原点になる光景〟と言った1988年だった。そのころでさえ、地元の韓国の記者は事実を伝えることができなかった。私が取材に訪れたのは、軍事政権が民主化し、軍人だった盧泰愚が大統領に就任した2月だった。

光州市を訪れたとき、政府は事件を「北朝鮮の扇動による暴動」と決めつけ、死亡者の数は軍人を含め191人と発表していた。虐殺が起きた道庁の正面に虐殺を示すものは何もなく、伝統模様の三太極をあしらった黄、赤、青3色のエンブレムとともに、「八八オリンピックまで、あと○日」という、ソウル・オリンピックの看板が掲げてあった。

盧泰愚が首都ソウルで大統領への就任を宣言したとき、私は光州市内の全南大学構内の学生会館前にいた。掲示板には15枚の壁新聞がひしめいて学生たちが群がっていた。模造紙に赤と黒のマジックで書かれたその1枚には、こう書かれていた。

「盧泰愚の就任式を、盧泰愚の葬式に変えよ。虐殺者盧泰愚に、歓迎の花束でなく呪いの火柱を、祝いの拍手でなく憎悪の石を投げつけよ」

他の壁新聞も、激しい言葉で新政権を断罪するものばかりだ。「一人を殺せば殺人者、多数を殺せば偉大な普通の人」とあるのは、チャップリンの映画『殺人狂時代』からとったものだろう。「普通の人」というのは当時、「私は普通の人だ」とことさら言いたてた盧泰愚を皮肉る表現である。

壁新聞には抗議行動の提起が書かれていた。「午後3時、道庁前にて盧泰愚執権粉砕闘争大会。民衆の生きる道を妨げる盧泰愚を処断しよう」とある。私は午後3時前に道庁に行った。

4 戦闘警察

道庁前の大通り錦南路《クムナムノ》の両側は、カーキ色の制服に身を包み「忍」と書いた楯を手にした戦闘警察、日本で言う機動隊が陣取った。ヘルメットをかぶり、こん棒を持った私服の一団もいる。白いヘルメットが骸骨を思わせることから白骨団（ペッコルタン）と呼ばれる、戦闘警察の部隊だ。

学生と警察が対峙すると、戦闘警察の制服部隊が遠くから催涙ガス弾を発射する中、白骨団は学生が投げる投石と火炎びんの雨を駆け抜けて学生に襲い掛かる、いわば切り込み隊だ。市民から恐れられるとともに怨嗟《えんさ》の的になっている。ほかに私服の警官も市民に混じっているので油断がならない。

通りに面した7階建ての光州カトリック・センターの最上階からスピーカーがのぞき、大音量で「盧泰愚執権を阻止し、民主政府を樹立しよう」という檄を飛ばした。センターの前には100人ほどの市民がスクラムを組んで韓国国歌を歌っている。このあたりが日本と違うところだ。クーデターを起こした軍人ではなく、自分たち国民こそこの国の正統な主権者であり、自分たちこそが国歌を歌う権利を持っているという意識が彼らにはある。

センターの窓から通りにビラがまかれ、歌う彼らの頭上に降りかかる。ビラを拾って読むと、写りの悪い謄写版の印刷だ。「光州虐殺の主犯である盧泰愚は民族の敵。不正な執権を阻止して民衆の生存権を争取せよ。勝利は民衆の側にある」「米国が支持する盧泰愚の政権剥奪を糾弾する。輸入関税撤廃、米国を追い出せ」などと書いてある。激烈な文句だ。遠巻きに見ていた市民がしだいにこちら側、センターに近寄ってきた。

突然、ビラを読む目がチカチカしてきた。戦闘警察が催涙ガス弾を放ったのだ。ポケットからマスクを取り出し、レモンを絞ってマスクにつけ、口に当てた。ホテルを出るときにフロントの従業員が私に「催涙ガスにはこれが効くから」とレモンの切れ端をくれた。レモン汁をマスクに絞るとガスを中和する効き目があるという。

防毒マスクをつけた戦闘警察の2個小隊が隊列を組んで人波に突入した。周囲の市民はなだれをうって逃げだした。私も市民に混じって走った。捕まれば棒で頭を殴られ、護送車に乗せられ留置場行きだ。拷問されるかもしれない。

外国人だし取材だから大丈夫だろうと思うかもしれないが、日本人だと顔に書いてあるわけではない。口で言っても信じてくれない。それに「ＰＲＥＳＳ」と書いた腕章は、とっくにはずした。通訳の学生から「そんな腕章をしていると、かえって危険です」と忠告されたからだ。この時代、マスコミは政権べったりだったので、マスコミの人間と見ると市民は怒った。市民から暴行される恐れがある。警察はマスコミも容赦しない。

道庁前だけではない。市中はどこも催涙ガスの強烈な刺激臭が立ちこめる。マスクを口にあてがっても、くしゃみが止まらない。当時、同じ軍事政権だった南米のチリと韓国の催涙ガスは、世界で最も毒性が強かった。若い女性が吸ったら、健康な子は産めなくなると言われた。私はこの前年の１９８７年まで朝日新聞の中南米特派員をして、チリの反軍政抗議行動も取材に行っていたので、チリの催涙ガスも吸った。韓国の催涙ガスも同じ性質のものだ。

しかし、光州で使われる催涙ガスは、韓国でもとりわけ濃度が高い。市内の大学で催涙ガスが放たれると、車で２０分離れた市の中心部でも人々はハンカチで鼻と口を覆わなければならない。デモに参加したことがない女子学生でさえ「有害なガスを吸ってるから、私は子を産めない」と真顔で話した。

5　噴出する恨《ハン》

市の郊外にある市民墓地、マンウォルトンの墓地に行くと、一角には光州事件の犠牲者の集団墓地があった。「五月光州の息子○○烈士の墓」と彫られた101の墓碑が整然と並んでいる。

学生や市民が花束を手に参拝していた。女性も混じった学生10人が一人の墓の前にひざまずき、地面に2度額《ぬか》ずいたあと、墓前に立って合唱を始めた。

亡くなった「同志」を悼むとともに、「われわれは前進する」という歌詞だ。屍《しかばね》を乗り越えて生き残った者が民主化のために命を投げ出して闘うと歌う。悲壮な誓いの歌である。

学生たちの中には、わざわざソウルから墓参りのために来た人もいた。日本の記者だと名乗ると、「全斗煥と盧泰愚は光州事態に直接の責任がある。二人はこの世に生きる資格はない。盧泰愚の大統領就任はなんらの正統性もなく、とうてい容認できない」と大学3年生、22歳の若者は言う。

民主化運動で亡くなった「烈士」の墓の前でぬかずく学生たち
＝1988年2月、光州市で

かたわらの23歳の大学生に「盧泰愚大統領に何を望むか」と質問すると、「盧泰愚に何か望むことがおかしい。望むのは労働者や農民による民衆の政府の樹立だ。盧泰愚が何をしようと民衆の抵抗はいつまでも続くし、我々は必ず勝利する」と答えた。

韓国では、理不尽な仕打ちを受けて悔しい思いをし、かつそれを晴らすことができない絶望的な状況に置かれたとき、怒りから噴出する感情を「恨《ハン》」と言う。「烈士の墓」は恨の塊のように思える。

メモをする手がほんの3分でしびれるほどの強い寒風が吹きつける中、あちこちで祈る言葉、歌声が沸き起こる。菊の花束7つが捧げられていたのは、前年6月に催涙ガス弾を頭に直撃されて死亡し全国的な民主化運動を高揚させるきっかけとなったソウルの延世大学生、李韓烈《イハニヨル》君の墓だ。映画『１９８７、ある闘いの真実』に登場する。

十字架を刻んだ墓標には「聖徒、烈士全州李韓烈之墓」とある。そうか、彼も全羅南道の出身だったのだ。１９８７年に彼が死亡したあと「民主国民葬」が行われ、延世大学を出発した葬儀隊はソウルから光州のこの墓地まで行進した。参加者はソウルで１００万人、光州で５０万人、韓国全土では１６０万人に及んだ。

李韓烈君が残した詩がある。

だだっ広《ぴろ》い広場、その熱気の下に
チラシがばらまかれ
催涙弾が落ち
ファッショ打倒を叫ぶ
青カバ（戦警）に同行される
米帝を学習し討論の夜を明かす
民主のために、自主のために
この地の人間解放のために

暁の冷たい露に若さを飲む
（中略）
空の下、入って行ったわれらの森の中で
愛を感ずる
胸いっぱいの愛を感ずる
一さじでおなかを満たし
美しい巨木の身ぶりを見る
新しく生きて行く君の身ぶりを
愛する、生きる

（『韓国　民主化への道』池明観著、岩波新書より）

李韓烈君が催涙ガス弾の直撃を後頭部に受けたのは１９８７年６月９日だ。重体となりながらも身体は必死に生きようとしたのだろう。１ヵ月近くを生き抜き、ついに７月５日、２０歳の生命は絶えた。

しかし、残された人々は彼の死を無駄にはしなかった。彼が死線をさまよっていた６月２４日、延世大学に数万人もの学生が集まって「国民平和大行進」を始めた。これが全国の都市に広がって3日後の27日には130万人に膨れ上がった。7月9日に行われた国民葬には全土で160万人以上が参加した。そう、2016年の「民衆総決起」には、その29年前の歴史があるのだ。

2004年には、国から支給された賠償金と市民の募金を合わせて、ソウルに李韓烈記念館が開設された。2014年からは私立博物館となり、彼の遺品が展示されている。

クーデターで大統領となっていた全斗煥は、もはや政権を支えきれなかった。与党の民正党の代表委員、盧泰愚が大統領に代わり、年内に憲法を改正して民主化すると宣言した。6月29日だったので「6・29（ユギグ）宣言」と言われる。この民主化の闘いを市民側は「六月抗争」と呼ぶ。

6　地域差別

それにしても、なぜ光州でこれほどまでの虐殺が起きたのか。それも軍が同じ国民を殺す悲惨な事件である。理由を聞いてまわるうちに、民主化をめぐる対立だけでなく、地域による差別感情が根底にあるとわかった。

韓国の軍政時代に政権を握ったのは「TKマフィア」と呼ばれる人々だった。大邱（テグ）

市＝Tと慶尚北道《けいしょうほくどう》＝Kの地域の出身者という意味だ。朴正熙は慶尚北道、盧泰愚は大邱市の出身である。TK地域は予算の配分で常に優先され発展した。これに対して金大中《キムデジュン》らの地元である南部の全羅道《ぜんらどう》はいつも後回しにされ、開発から取り残された。光州市は全羅南道の中心地だ。

慶尚道は古代朝鮮時代の新羅《しらぎ》に、そして全羅道は百済《くだら》に重なる。その対立の背景には150年にわたる歴史があるのだ。

市内に民主化運動の拠点があると聞いて、探した。外国の記者にそのような場所を簡単に明かすとは思えなかったが、応じてくれた。全羅道のデモに使う旗や横断幕、ポスターはすべてここで作っているという。若い活動家は、こう話した。

「光州郊外にある原子力発電所の事故多発により、光州の市民は許容の100倍を超す放射能を浴びている。米国に収奪され、人権を抑圧されている我々だが、せめて核の汚染からは免れさせてほしい。たとえ民主化されずとも、光州事態のような虐殺だけはやめてほしい」

これが光州市民の悲痛な叫びである。福島の原発事故に先立つこと23年の1988年の時点で、光州の市民はすでに原発の恐怖の中で暮らしていたのだ。

光州の市民から意見を聴きだすのは、容易ではない。私が新聞記者だと名乗ると、みんな一様に押し黙る。自分の意見が紙面に出たあとの政府や警察の報復を恐れるのではなく、報道機関をそもそも信用していないのだ。光州事件から8年たった時点でもこのような状況だった。

当時の韓国のマスコミはすべて政府側の宣伝しかしない、という根強い不満があった。カトリック・センターの垂れ幕にも「歪曲報道、偏向報道を拒否する」と大書してあった。光州事件のさい、多くの市民が虐殺されているとき、現地のテレビも新聞も、きちんとしたニュースとして報道しなかったのだ。それどころか市民や学生を「暴徒」と決めつけ、政府の言うままに事実をゆがめた。

抗議集会を遠巻きに見ていた市民の一人がようやく重い口を開いた。「私たち全羅道の人間には、地域感情から出る被害者意識がある。盧泰愚の大統領就任は望ましくないが、就任した以上は民主化を進めてほしい」。抗議集会が行われた道庁前にあるカトリックの本を売る50歳の書店主は「盧政権は不正選挙で就任したのだから正統性がない。しかし、就任したからには経済と人事の地域格差の解消に努め、光州事態の真相究明を望む」と語った。

新聞記者と告げると、にらみつけてくるか、押し黙ってしまう人が大半だ。意見を語ってくれる人も、名前や職業など身元がばれるようなことを言う人はいない。せいぜい年齢を教えてくれるくらいだ。

そうした中で政府を批判し、堂々と名前も身分も明かした人がいた。「盧泰愚が真の大統領なら、就任は全国民の祝祭になるはずだが、彼は支配階級の大統領にすぎない。国民、少なくとも僕とは何の関係もない。彼には何も求めない。求めるものは、我々が自分で勝ち取る」。

今ならもう名前を出していいだろう。某大学の物理学科4年、29歳の姜点一《カンチョンイル》さん。この発言を聞いてから30年になる。今は59歳。文在寅政権の成立をどんな思いで迎えただろうか。

第2節　ジャーナリストの闘い

1　ハンギョレ新聞

映画『タクシー運転手』では、異常事態が光州市で起きていると聞いて東京からソウルに飛び、タクシーを飛ばして現場に入った実在のジャーナリストが描かれている。ドイツ公営放送連合の東京特派員だったユルゲン・ヒンツペーター氏だ。命をかけた彼の活躍がなかったら、生々しい映像として光州の真実は世界に知らされなかった。

彼は2003年に韓国のハンギョレ新聞社と財団が主宰する第2回宋建鎬《ソンゴノ》言論賞を受けた。宋建鎬とは、ハンギョレ新聞の初代の社長の名前である。この新聞が創刊された現場で、私は宋氏に会った。

光州市から首都ソウルに戻ったときだ。ソウルは民主化によって新しい新聞が続々と創刊されようとしていた。申請した新聞は19紙を数え、放送局も4局が設立を申請した。ソウルの中心街近く、ビルの壁に「ハンギョレ新聞、3月創刊」の垂れ幕が下がっていた。ハンギョレとは「一つの民族」という意味だ。

韓国の新聞社は財閥のような富裕層が資金を出すのが普通だが、この新聞は軍政時代に民主化を訴えて解雇された新聞記者が集まって創刊した。かつて東亜日報紙が政府を批判する記事を載せた時、政府は広告主に圧力をかけて広告を出させないようにした。東亜日報は圧力に屈し、記者を大量に解雇した。そんな過去から考え出したのが、このやり方だ。

その発行人兼社長が元東亜日報編集局長の宋建鎬氏だ。「真実を知らせる国民の新聞」をモットーとし、政府の「報道指針」には従わないと言明した。発刊を伝えるパンフレットは、こううたう。

「今日われわれは、この時代が要求する国民的新聞の創刊を通して、制度言論の構造的あやまちの克服を目指す。特定階級の私有物や権力の所属物となることを拒否する。自由言論の闘いで解雇、投獄された記者たちはこの十余年、受難の中でも言論の自由と独立のため、その意志を貫いてきた。われわれは断じて圧力に屈せず、国民の意志を代弁する方針をけっして放棄しない」

記者が新聞を創ると聞いて興味を持ち、社屋を訪ねた。そこは元倉庫だった。2階建ての建物に机や椅子が運び込まれ、向こうの部屋では新入社員の面接試験が行われている。「社長に話をうかがいたい」と言うと、社員の指さす先には机の出し入れでごった返す中、事務机に向かって原稿を書いている白髪の人物がいた。

宋氏と会ったときのことは忘れられない。「日本の朝日新聞の記者ですが、お話を伺わせていただけませんか」と話したとたん、大声で怒鳴られた。「朝日新聞が今ごろ、何しに来た！帰れ！」。

なぜ初対面の私が怒鳴られなければならないのか。私は説明を求めた。宋氏はこう言った。「あの厳しい軍政時代、韓国の新聞も放送も何一つ真実を語れないとき、私たちは自分たちの社会がどうなっているのか、何一つ分からなかった。闇を照らす唯一の光、それが朝日新聞だった。数日遅れで日本から送られてくる朝日新聞を、私たちは舐めるように読んだ。朝日新聞を読んで初めて、韓国で何が起きているかを知ることができた。それがあったからこそ、苦しい軍政の下でも未来への確信を持ちながら民主化の運動を続けることができた。今日、軍政を終わらせ民主化の時代に変えることができたのは、あの時代に朝日新聞があったおかげだ」

宋氏は、そこまで一気に言った。そして、私をにらみつけて、こう続けた。

「そのころの韓国の記事を書いた特派員を朝日新聞は冷遇した。彼のあとに赴任した特派員は、民衆を取材せず政権側の言うことばかり書いた。なんだ、今の朝日は！　そんな朝日に話すことはない。帰れ！」

2　民主言論

私は感動した。ジャーナリズムの意識に乏しいと批判されがちな日本の新聞だが、韓国が冬の時代に人々の心を支え、社会を変革する具体的な役に立った歴史があるのだ。

「そのころの特派員」とは当時の朝日新聞ソウル支局長、猪狩章《いかりあきら》氏である。猪狩氏は1969年にソウル支局長となって4年間、朴正熙体制下の韓国を現地で取材し、圧政下の人々の立場に立って報道した。1980年の光州事件のさいには外報部次長だった。

当時の朝日新聞や『朝日ジャーナル』に記事を載せたほか、事件の約半年後の1980年12月に出版した編著『光州80年5月――つかの間の春の虐殺』（すずさわ書店）には現地に入った記者の「銃を構えた兵士が三人、駆け足で登って来たのだ。……四人の学生が手足を縛られ、うつ伏せに床にころがされていた。『写真は絶対に撮るな』と何度も兵士にいわれたが、みんなスキを狙って撮影した。……戦車のキャタピラの音が聞こえ……」など、生々しいルポを載せている。

光州事件が起きた当時、現地に入った記者はドイツ人のヒンツペーター氏だけではない。日本の新聞、通信社や米国のテレビ局、週刊誌などの記者がいた。

朝日新聞も事件のさなかの5月24日付の朝刊の1面トップに、「怒りの光州　血と破壊と――現地に見る」「市民目前の銃撃戦――炊き出し、学帽カンパ」という斎藤忠臣特派員の大きなルポを掲載している。

そのままにらみつける宋氏に、私は反論した。「猪狩さんは尊敬する記者です。でも、彼のほかにも公正で公平な社会のために尽くしている記者は、今の日本にもいます。私がここに来たのも、盧泰愚の取材だけではわからない韓国の実情を知り、あなた方の活動を日本に伝えたいためです」。

宋氏はみるみる相好を崩し、創刊で忙しい中、2時間以上の時間を割いて、ハンギョレ新聞について語ってくれた。

「国民から募金を集め、世界に例のない、権力や企業から独立し、公正な報道を新聞の命としている。政府は今も様々な妨害をし、当初の予定の3月発行の許可を出さなかったが、5月には創刊する。最初の目標は30万部。目指すは南北の早期、自主的統一の実現であり、民主言論、民族言論の柱となる。私や記者たちが刑務所に連行されるのも覚悟の上だ」

当時の他の新聞は漢字を使っていたが、ハンギョレは韓国固有の文字ハングルで全文を貫いた。民族の主体性を主張するためである。創刊基金の50億ウォン（当時約8億6000万円）は、一般市民から株の形で募った。「国民のだれもが言論の主人公となることができる道を開く」とうたった創刊の精神に合致する経営の方式だ。

国民はこれに応えた。新聞を配達して家計を助けている貧しい少年が、わずかな給料から大金を送ってきた。約3000人の寄金で、目標は早くも達成された。国民の期待のほどがわかる。

入社試験には、記者や他の部門の社員も含め50～60人の募集に対して8500人が応募した。けっして労働条件がいいのではない。それどころか給料は他の新聞社の3分の1である。「社長の私の月給さえ、他社の新入社員の初任給より低い」と言う。社長も社員も給料は同じ35万ウォンで出発した。ボーナスなど無い。それでも「新聞らしい新聞で働きたい」と、これまで勤めていた新聞社を辞職して受験した記者もいた。

宋氏は最後に日本のマスコミについて言った。「韓国民は今、日本の新聞は韓国の民主化運動に冷淡だと見ている。日本の政府が韓国政府を支持しても、日本の言論は民主化を支持してほしい」。

3　自由の苗木の肥やし

新聞だけではない。首都ソウルは民主化の未来に向けて突進していた。書店の店頭には「解禁図書コーナー」が特設され、発禁処分を解かれた本が山をなしている。あたりは立ち読みの市民で電車のラッシュアワー並みの人だかりだ。壁に貼られた解禁図書の一覧表には、500冊を超える本の名が並んでいた。

光州事件の記録もあった。マルクスのフランス革命三部作、日本の雑誌『世界』に連載された「韓国からの通信」の海賊版、労働運動の本もある。よくこんなに一度に出版されるものだとあきれるぐらいの多さである。この日に備えて秘かに用意していたのだ。

週刊誌、月刊誌は、毎日10件近くの割で申請が出るほど創刊ラッシュだ。光州事件の直後の1980年6月に発行禁止となっていた雑誌『月刊中央』は、1988年3月号で8年ぶりに復刊した。復刊第1号は光州事件の生々しい写真をグラビアで特集した。

注目するのは巻頭の復刊の辞だ。「民主主義は他人から与えられるものではなく、自ら闘い取らなければならない。民主主義の基礎である言論の自由も、他力でなく自ら擁護して勝ちとるものである。われわれは今後、自由の苗木が必ずや樹木に成長するよう、犠牲の肥やしとな

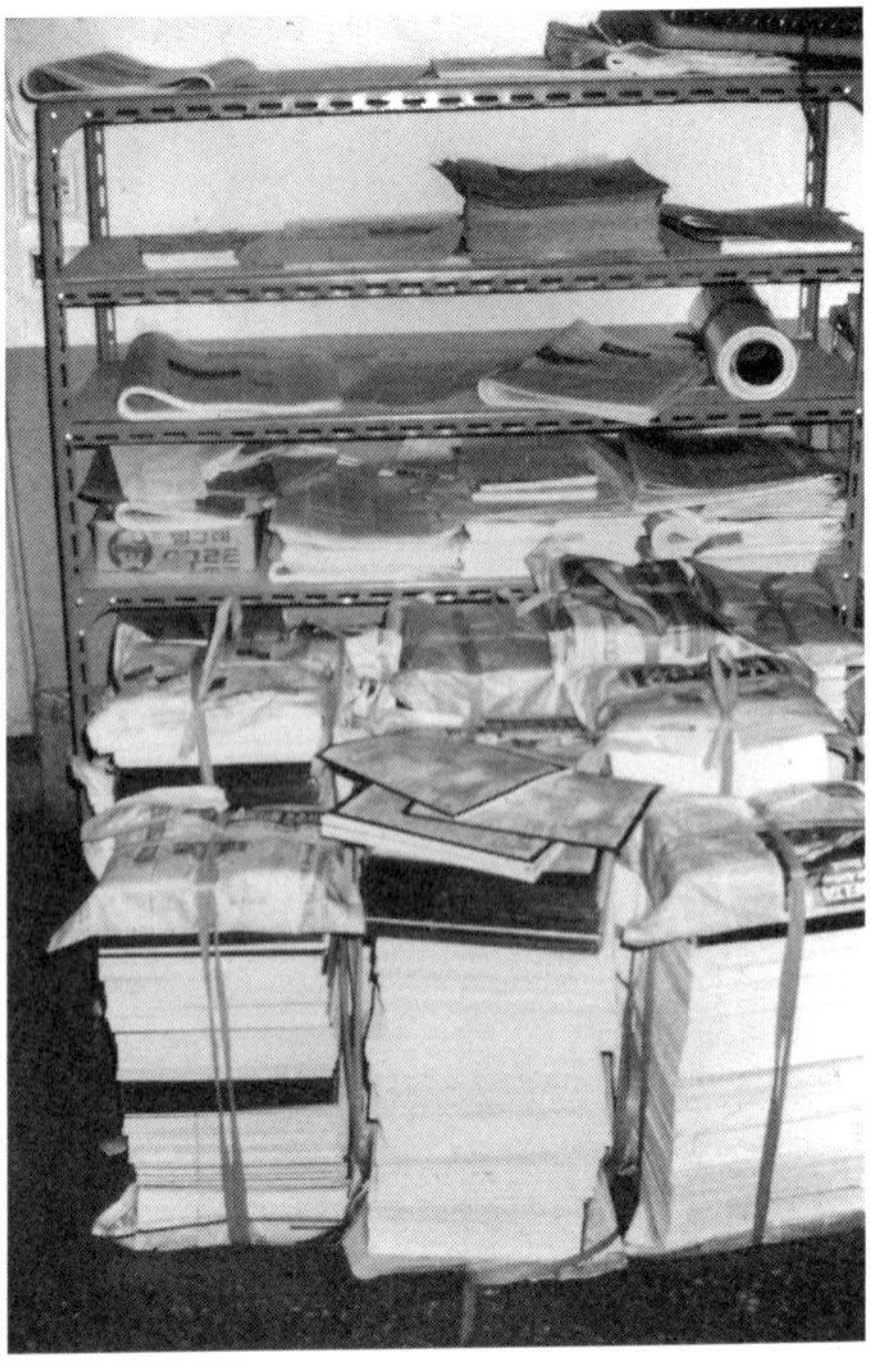

『マル』の編集事務局の棚には発行した雑誌が積んであった＝1988年2月、ソウルで

ることを読者に誓う」。

書店で解禁図書に目を凝らしていた学生は、「興味深い本が一度にドッと出てきて読み切れない。でも、もっともっと出てほしい」と満面の笑顔で語る。書店側も「解禁図書はどれもよく売れる。すぐに品切れとなり、入荷が間に合わない」とうれしい悲鳴を上げる。人々は自由に飢えていたのだ。

一方で、非合法のままの雑誌もあった。東亜日報や朝鮮日報を解雇された記者らが１９８５年に創刊した『マル』だ。「言語」という意味である。言論の自由がない体制下で奪われた言語を主張しようと、この名をつけた。

『マル』は弾圧に対して果敢に闘ってきた。「民主、民族、民衆の言論への踏み石」をスローガンに隔週刊で毎号1万5000部を発行し、私が訪れるまでに20号を出していた。印刷は秘密裏に行い、ひそかに書店に配本していた。

編集事務局は自動車部品店がひしめく下町の裏通りに入った汚いビルの2階にあった。過去に発行した雑誌が棚に積んである中、10人の編集記者が記事を書き、打ち合わせをしている。

この事務所は数えきれないほど警察の手入れを受けた。毎号、発行されるごとに編集責任者は逮捕された。記者たちは交代で編集責任者となり、1週間を獄中で過ごした。前年までは発行のたびに事務所が捜索され、雑誌は押収されていた。広告収入は少なく、印刷は危険負担で高い料金を請求される。記者の給料はハンギョレと比べても半分でしかない。

代表で元韓国記者協会会長の金泰弘《キムテホン》氏は「隠された事実と真実を一般の人々に知らせるのが、この雑誌の方針です。真の言論の自由のために現在、韓国には6つの問題がある」と言う。

「第一に祖国の分断、第二に階級、第三に人権無視、第四に軍報道のタブー、第五に与党と財閥のタブー、第六に米国と日本の帝国主義的な侵略。これらについての報道がすべて自由に行われなければならない」

韓国の報道の歴史は、こうしたタブーを破る歴史だった。政府にすりよる似非《えせ》ジャーナリストもたくさんいたが、命をかけても真実を伝えようとする記者がいつの時代にもいたのだ。もちろん、今も。

朴槿恵大統領の不正を暴いたのも、新聞記者や放送記者の努力があってこそだった。2017年に最初に報道したのは、その6年前にできたケーブル・テレビ局「テレビ朝鮮」だ。しかし、最初のスクープを出したあと続報を出そうとしたら、局の幹部から差し止められた。自主規制だ。政府は、スクープを報道した記者を辞職させるよう迫った。

その跡を継いだのがハンギョレ新聞だ。初めて朴槿恵大統領の疑惑の側近、崔順実《チェスンシル》の名を割り出して報道した。別のケーブル・テレビ局「JTBC」が崔順実のタブレット端末を手に入れた。そこには国家の機密情報が詰まっていた。これが決定的な証拠となり、朴槿恵は転落したのだ。

これが今の韓国のジャーナリズム界の姿である。会社の多くは経営本位で自主規制するが、記者は果敢に闘っている。

4　民衆主義

韓国の市民運動でよく耳にするのが「民衆（ミンジュン）」という言葉だ。2016年に朴槿恵政権を倒した市民の行動も「民衆総決起」と呼ばれた。韓国で言う民衆とは、どんな概念なのか。

『マル』のスローガンも「民主、民族、民衆」の三民主義を挙げる。金泰弘代表に民衆の意味を聞くと、「英語のピープル、つまり人民のことです」と話す。軍政時代の韓国では「人民」という用語は使えなかった。北朝鮮の正式名称、朝鮮民主主義人民共和国に出て来るからだ。その代わりに民衆という用語を使った。「労働者、農民、都市の市民、中間層、良心的知識人、官僚までを含めた幅広い層を総称します」と話す。

ハンギョレの宋社長は民衆主義について、こう語った。「日本帝国主義からの解放後、韓国の主導権を握ったのは日本の植民地支配に協力した階層だった。当時も今も、虐げられている民衆が主導権を握ることが民衆主義です」。

民衆という言葉が最初に特別な意味を持って使われ出したのは文学だった。1970年代の初期である。民衆文学、民衆時代の文学などと表現された。韓国文学界の旗手で『光州5月民衆抗争の記録』をまとめた作家、黄皙暎《ファンソギョン》氏にソウルで会って、「民衆」の概念について聞いた。

「1970年代の初め、朴正煕政権下で富は一部に集中した。労力を提供するのみで分配の分け前にあずかれない労働者、農民、貧民が民衆と呼ばれた。政治的な力を持たない一般大衆のことだ。70年代後半になり政治が社会を厳しく抑圧するようになると、非人間的なやり方と闘い始めた人々を民衆と呼んだ。朴正煕が暗殺されたあと、米帝国主義の下で苦しむ南北の全同胞を指して民衆と称するようになり、今もこの意味で使われている。これが韓国の民衆の概念の歴史です」と黄氏は話す。

光州市には、文化面から闘争を展開する光州民衆文化研究所があった。黄氏がかかわって1982年に設立したものだ。伝統的な形式を活かして現在の社会や政治の問題を風刺する踊りをまじえた演劇などで民族文化運動を進めていた。その会報の創刊号の表紙の版画は、光州事件の折に一時、解放区となった市内と市民を描いたものだ。

この版画の作者が、私が訪ねたときの研究所で中心的な存在だったホン・トンドム氏だった。前年まで5年間、研究所の代表だった人である。目前に迫っていた1988年のソウル・オリンピックについて「政府は文化オリンピックという名を使っているが、健康な民衆文化をカネで堕落させるものだ。政府がオリンピックに力を入れる狙いは、国民大衆の現実に対する不安を文化的にカタルシス化し、その後の支配力を強化しようとするものだ」と批判した。日本の2020年東京オリンピックにも通じるような分析である。

第3節　和解を求めて

1　普通の人

取材中に盧泰愚が大統領に就任した。市民から虐殺者と罵られる盧泰愚とは、どんな人なのか。彼の故郷、韓国東南部の大邱市を訪ねた。

市の中心部から車で30分走った山の向こう。盧泰愚が生まれた龍池《ヨンジ》は、昔話に出て来るような純朴な村だった。背負子《しょいこ》を背に柴刈りに向かうおじいさんと道で出会った。盧旺洙《ノワンス》さん。盧泰愚の幼友達だ。「泰愚は性格もよく、走るのも速かったよ」と話す。小川では老女が氷を割って洗濯をしている。零下7度の寒気の中だ。

小川のわきの石垣の中に盧泰愚の生家が残る。10メートル四方の庭に面して2棟の瓦屋根の平屋と牛小屋がある。周辺の人々に盧泰愚について聞きまわった。生まれたとき儒学者の祖父が「謙虚にあるべきだ」と言い、大変な愚か者を意味する「泰愚」と命名したという。

貧しい農家だったが、父は音楽好きで日本製の蓄音機をかけ、バイオリンを弾いた。その父は盧泰愚が7歳のとき交通事故で亡くなった。盧泰愚は母親といっしょに田畑を耕し牛の世話をした。「小さな体でよく働いたよ」と向かいに住む南得金《ナムウキム》さんは言う。

オオカミのいる山道を午前6時に出発し、1時間半かけて登校した。靴を買う金がなく下駄かワラジだった。アルバイトをして菊池寛全集を買い、『父帰る』を繰り返し読んだ。当時は「河本」という日本名を名のらされた。学校では日本語を強制され、朝鮮語を話すと殴られた。

苦しかったのは飢えだ。朝はおかゆ、弁当は麦と豆だったが、それさえ用意できず、弁当を持たずに登校する日も多かった。それでも小学校6年間を無欠席で通した。盧泰愚がのちに「強い主張を勇気というが、耐え難いのを耐えるのもこれに劣らない勇気だ」と語ったのは、小さい時からの実感なのだ。

小学校の学籍簿（通知表）が学校に残っていた。6年の成績は地理と国史（日本史）、算術が最高の10点、他は9点だ。「服装端正にして動作活発なり」と担任が評価している。

進学したのは大邱工業中学校の電気科だ。2年下の機械科にいたのが後の大統領の全斗煥だ。3年のときに学年で3番になり、10倍の難関を突破して名門の慶北中学に編入した。5年の成績は218人中63番で、学籍簿には「温順、熱心に努力し責任感あり」と書かれている。当時の担任を探して盧泰愚について聞くと、「素朴な農民の典型だった」と語る。

中学最終学年に朝鮮戦争が起きた。学徒兵に志願し、陸軍士官学校の第1期生となった。陸上部では100メートルを11秒台で走り、ラグビー部を創設した。トルストイとヘッセの詩を愛読し、4年のときには好きな女子高校生にリルケの詩集を贈った。陸士を卒業して中尉になったので彼女と結婚した。

新婚旅行中に電報で呼び出されて渡米し、ゲリラ特殊戦の訓練を受けた。1968年には猛虎部隊の大隊長としてベトナム戦争に参戦した。帰国後に将軍となり、全斗煥と呼応してクーデターに参加した。洋酒2瓶をあける酒豪で、酔うと「ベサメ・ムーチョ」を歌った。

大将で退役すると政界に入り、全斗煥大統領の下で体育部長官や内務長官となった。全斗煥の力が弱まると浮上し、大統領候補となった。選挙で強調したのは「普通の人（ポットン・サラム）」だ。「誇るものもないが劣るものもない、普通の人の偉大な時代を創る」と訴えた。天才型ではなく努力の人だった自分をそのまま打ち出した。

こうしてみると、隠忍自重の末に権力を手中にした徳川家康のような人生である。大統領としてソ連、中国と国交を樹立し、北朝鮮とともに国連同時加盟を実現した。大統領を退任すると政治資金の隠匿や光州事件の責任を問われ、懲役17年の判決で投獄されたが、8ヵ月後に特赦された。

これでわかるように、鬼のように言われる盧泰愚も、出自はまさに「普通の人」にすぎない。もちろんその後の人生は権力側であり、「民衆」ではない。しかし、朝鮮戦争勃発という時代の波をかぶって軍人となり、がんばっているうちに抜きん出た人だ。最初から際立った悪人だったのではないことがわかる。

2　世界平和島

その盧泰愚が大統領在任中、日本との関係で語った。「加害者が被害者に『すみません』と言うのは当然のことだ。謝罪がはっきりしないと被害者は加害者の真心を疑わざるをえない。真心から『すみません』と言えば、被害者としても感動して『もう結構です。これからはうまくやりましょう』と言える。それは韓国だけでなく、中国やアジアでの日本の認識を変える契機になる」。

そう言われた日本はどうか。

安倍政権になって、日本と韓国の間は急速に冷却した。「すみません」と謝るどころか、「日本は悪くなかった」「日本の統治が韓国の発展の役に立ったではないか」など、ふんぞり返るばかりだ。さらに竹島（韓国名・独島《トクト》）の領有、慰安婦像の処置、靖国参拝、徴用工への補償などをめぐって日本政府と韓国政府がことごとく対立した。それに呼応するように日本の国内には嫌韓感情が、韓国には反日感情が広がった。どうすればいいのだろうか。

私は2015年、朝鮮半島の本土から南に90キロ、日本海と東シナ海、黄海の分け目にある済州島を訪ねた。

第2次大戦の末期、日本軍は米軍との本土決戦に備え、済州島の死守が日本の安全の絶対条件と考えた。米軍は本土に上陸する前に済州島を占領し、前進基地として使うと予想したのだ。

陸軍、海軍から兵士が集められ、最終的に7万5000人もの兵士が島に陣取った。指揮した第17方面軍第58軍司令部は、全島を要塞化することにした。地表にトーチカ、地下には地下壕を造った。地下壕の総延長は陸軍だけでも32キロに及ぶ。掘るために陣地構築作業部隊として強制的に動員されたのが、島に住む人々だ。

カマオルム地区の地下には、総延長2キロの迷路のような地下壕がある。歩兵第243連隊の司令部だ。この中に日本軍が置き去りにした品を展示するのが、地下壕の外にある済州戦争歴史平和博物館だ。

博物館を建てたのは、地下壕を掘るのに動員された地元の住民イ・ソンチャンさんの息子、イ・ヨングン氏である。ソンチャンさんは手袋もなく素手で、シャベルとスコップだけで掘っ

世界平和島の碑＝ 2015 年、済州島で

たという。そして2年半も地下に閉じ込められたままになり、戦争が終わって外に出たときは目が見えなくなっていた。

目が見えないために働くことができず、しばらく物乞いで暮らした。ヨングンさんも小さい頃、父と一緒に物乞いをした。幼いヨングンさんが「僕たちは日本人のためにこんなひどい目に遭《あ》った」と言うと、父親は「日本人を恨むな。彼らだって一部の権力者に言われて機械のように命令に従ったのだ。日本人も犠牲者なのだ」と言ったという。

ヨングンさんは父親の言葉に沿って「これからは日本人といっしょに平和な世の中をつくろう」と決心した。懸命に働いて財産をつくり、そのお金で平和博物館を建てたのだ。

私はこの話を聞いて涙が出た。

博物館に入ると、壕の中にあった軍服やリュック、カメラ、ラッパからランプ、茶釜まで展示されている。建物のそばには地下壕の入り口がある。懐中電灯を手に中に入ると3層になって、会議室や医務室、寝室などに分かれている。奥に行けば頭が天井につかえそうになった。展示の最後には文字板があり、「自由と平和はただで得られるものではないことを、私たちは決して忘れてはならない」とハングル、中国語、日本語、英語の四つの言葉で書いてあった。

博物館の入り口にも「自由と平和は何もせずに達成されるものではない」と書いてある。中庭には「世界平和島」と彫った石碑が建っていた。

この父子のことを知って、胸が痛まないだろうか。

3　歴史は永遠に終わらない

2018年11月、アジアを約30年にわたって報道してきたドイツの政治週刊誌『シュピーゲル』の東京支局長ヴィーラント・ワーグナー氏が帰国した。直前の記者会見では流暢な日本語でこう語った。

「昔の日本は前向きだった。今はあらゆる面で後退している。私は今、悲しい気持ちで日本を去ろうとしています。総理は戦後レジームからの脱却と言うが彼自身、どんな国をつくりたいのかわからないのではないか」「敗戦後にドイツは民主主義を贈り物ととらえ、活かさなければならないと考えた。日本はアメリカの押し付けととらえ、形式だけにとどまっている。会議も形だけで最初から結論は決まっている」

その通りではないか。そして、文在寅政権について「トランプ政権をうまく操って自分たちのやりたい対北朝鮮政策をうまく進めている。仲介者の役割を果たそうとしている」と評価する。さらに日本と韓国の間について、こうアドバイスした。

「日韓の仲が悪いのは本当にもったいない。安倍首相の靖国参拝で両国の交流が止まった。そんなことはやめた方がいい。日韓はお互いに歩み寄り近づかないとダメだと思います。今の日本の政界は韓国を嫌うだけで、和解のための努力をしていない。慰安婦問題などで心からの反省が必要なのに、日本はただ戦後処理を早く終わらせたいというだけ。しかし、歴史は永遠に終わらない。ドイツは加害者として謝りました。それをフランスは受け入れてくれました。謝るのと受け入れるのと、お互いに努力してほしい」

彼が、映画『タクシー運転手』のドイツ人記者に重なった。

4　和解の前提

反省すべきはなにも日本だけではない。軍隊はどこでもむごいことをやりがちだ。軍隊は最初から敵を想定し、敵を抹殺するための組織である。その発想に、そもそも悪の根源がある。それを強く感じたのはベトナムだった。

ベトナム戦争中の1968年に米軍がソンミ村で行った虐殺事件が問題になったが、実はその1年前に韓国の海兵隊は米軍同様、いやそれ以上にひどい虐殺事件を起こした。

1967年、韓国の朴正熙政権は米軍の補完勢力として韓国の海兵隊をベトナムに派兵した。盧泰愚が大隊長としてベトナムの戦場に赴いたのもこのときだ。

ベトナム中部にディエン・タオという村がある。1967年1月、韓国の海兵隊はヘリコプターでこの村を急襲した。村の家を1軒1軒まわって殺戮《さつりく》を始めた。1998年にこの村を訪れた私は、その模様を70歳の老女チュオン・ティ・リーさんら生き残りの人々から虐殺現場でじかに聞いた。リーさんは地下に掘ったトンネルに隠れたため無事だったのだ。3時間後にトンネルから出て無残な光景を見た。

リーさんの両親と二人の弟は自動小銃で撃ち殺されていた。兄の妻は赤ん坊を抱きかかえた姿勢で射殺されていた。その赤ん坊は壁にたたきつけられて殺された。虐殺を終えたあと、兵士たちは家に火をつけて燃やした。あまりにもむごい仕打ちだ。リーさんらは泣きながら遺体を埋葬した。

ところが韓国軍は15日後にもう一度、村に戻ってきた。リーさんらは山に逃げた。韓国軍はなんと埋葬していた墓をブルドーザーで踏みにじった。兵士が引き揚げた後、リーさんらが村に戻るとまだ死臭が漂っていた。殺しただけでは物足りないのか。なぜ墓までも蹂躙するのか。やりきれない思いで泣く泣く、また埋葬しなおした……。

光州事件で市民を虐殺した韓国軍とは、このような鬼畜の殺戮集団だったのだ。

この現場を訪れたとき、私は韓国のNGOの人々といっしょだった。その中に映画監督ビョン・ヨンジュさんもいた。日本軍によって従軍慰安婦とされた韓国女性を描いたドキュメンタリー映画「ナヌムの家」の監督である。

ビョン監督は、虐殺について語るリーさんらに向けてビデオを回した。映像を記録しながら泣いていた。日本軍が戦時中に犯した過ちばかりを追及していたが、韓国軍もひどい過ちを犯したと知ってショックだったのだ。

NGOのメンバーが声を絞り出した。「韓国軍がベトナムに行くのは、ベトナムのためにいいことだと聞いて私たちは育った。そうではないと書いた本の著者は投獄された。今日、この村を訪れて初めて本当のことを知った。韓国は謝罪すべきです」。

するとベトナムのリーさんは信じられない言葉を口にした。「もう過ぎたことだ。今、ここであのときの韓国人に会ったら、過去の過ちを許して両手を広げて友だちとして迎えることができる」。

ビョン監督はあとで私に思いを打ち明けた。「ここを訪ねて良かった。来る前は何を聞いても感情を動かされないと思っていたが、でも、泣いてしまった。ベトナム人って強い人たちね。嫉妬《しっと》した。ベトナム人の方がカッコいいと思った」。

ここに民族性の違いが出ている。恨みを忘れない韓国人と、過去を拭い去って未来に向かうベトナム人の気質の違いだ。だが、勘違いしてはいけない。ベトナムのリーさんらが韓国兵を許したのは、その前に韓国の人々が泣いて謝罪したからだ。心からの謝罪という前提があって初めて、和解は未来に向けて進むことができる。

そしてもう一つ。憲法9条が変えられ、日本の自衛隊が日本国軍となり米軍の補完勢力として世界のどこかに派兵されるなら、韓国軍と同じことを日本軍がすることになるだろう。

次はそのベトナムに飛ぼう。

結婚式のお祝いのため王宮跡に集まった女性たち＝2013年3月、フエで

第二章 凜として戦った人々 ベトナム

第1節　ゲリラの代表はアオザイの女性

1　復興から成長期へ

ベトナム戦争……と言っても、若者たちは知らない。無理もない。戦闘が最も激しかった時期から半世紀がたつ。ベトナム戦争の象徴だったホー・チ・ミン初代国家主席が亡くなったのは1969年だ。2019年でそれからちょうど50年である。

ベトナム戦争が終わったのが1975年だ。当時、中学生だった人がまもなく還暦を迎える。戦争当時のベトナムの指導者は、ほとんどがこの世を去った。当時、世界のニュースをにぎわせた人物で今も存命な女性に会おうと、ベトナムに旅立った。最前線で戦った普通の人々にも話を聴きたい。訪れたのは2013年で、3月と10月の2回に分けてベトナム中部と北部を回った。いっしょに行く人を募集し、いずれも全国から20人ほどが集まった。

首都ハノイの空港から街の中心部に向かう道筋には、日本や韓国など海外企業の工場や広告塔が並ぶ。高速道路の右手には、日本の商社が建設した広い工業団地がある。キヤノン、パナソニック、ヤマハなど有名企業をはじめとする250社が進出していた。左手には高級マンションが立ち並ぶ。パリの凱旋門《がいせんもん》のような門を持つ宮殿風のマンションは、インドネシアの企業が建設したものだ。

首都最大の高速道路が開通したばかりだ。首都の環状道路も計画中である。首都を流れる大河、紅河には日本の政府開発援助（ＯＤＡ）で新たな橋を建設中だった。戦後の復興期を超えて、早くも成長期に入ったような活況を見せる。

これだけ建設工事が多いのに、高速道路に貨物トラックが走っていない。なぜかと聞くと、渋滞を避けるために貨物車は専用の道路を通るようにしているのだという。貨物を積んだ車は町の中を走ってはならないという規則もつくっている。フィリピンのマニラをはじめ東南アジアの首都はどこも渋滞だらけだが、ベトナムではこのような工夫をしている。もっとも、首都はバイクと自動車だらけで、すでに大変な状態になっているのだが……。

街に近づくにつれて住宅がひしめいてくる。間口は4メートルと狭いが5、6階建てのノッポなレンガ造りの住宅が軒を並べている。建設中の同じような建物を見ると、レンガを積み重ねただけで鉄骨が入っていない。同じ建て方を南米のブラジルでもしていたが、どちらも地震がないのでこんな単純な建て方で大丈夫なのだ。ラテン気質でずさんなブラジルでは建設中に崩壊することがあるが、ベトナムでそのような話は（まだ）聞かない。ほぼすべての建物の屋根には水のタンクがあり、熱帯の強い日差しを浴びてキラキラ輝いている。沖縄と同じだ。

経済発展するにはエネルギーが必要だ。ベトナムには震源地がないからと、日本から原発2基を輸入することが決まり、国会の承認を得た。政府は２０３０年までに原発１４基を建設することを計画した。しかし、２０１６年１１月、福島原発事故の教訓と膨大な建設費用という財政問題もあって、この計画の白紙撤回を国会議員の９０％を超す賛成で決めた。日本と違って、自然エネルギーが盛んなスウェーデンはベトナムに風力発電所を輸出し、技術支援もしている。

ベトナムきっての原子力問題の専門家が原発計画に反対していることを知った。原子力研究所の元所長ヒエンさん。福島の事故の直後、当時の菅直人首相に「原発の輸出を急ぐべきではない」と手紙を出した。「道路を見ればわかる。交通ルールさえ守らないベトナム人が原発を動かせば必ず事故が起きる」と主張する。

その通り。首都はバイクと自動車の洪水だ。ハノイの人口６００万人にバイクが４００万台と言われる。私が初めてベトナムを訪れた１９８９年は自転車の洪水で、交通信号はほとんどなかった。今や山奥の町にも信号が着き、自転車はバイクに、バイクは自動車にとって代わったが、交通ルールを守らない点は以前と変わらない。私は横断歩道を青信号で渡っている最中に、左折してきたバイクにひき逃げされた。足の骨折で全治3ヵ月。松葉づえをついて歩いた。この国で原発を稼働させれば必ず事故が起きると、私も断言したい。

ハノイ中心部の公園には今や世界に珍しいレーニンの銅像が立つ。前の広場では若者がスケボーを楽しんでいた。道端に屋台のような売り場を設け、ドラえもんなどベトナム語で書いた日本の漫画を売っている。社会主義路線を保つかたわら、欧米や日本の資本や文化が急激に入っている。

ベトナム戦争後の経済難を乗り越え、ベビーブームの時代を迎えた。公立小中学校の1クラスの生徒数は45人から50人で、学校によっては55人もいる。戦争直後の日本のようだ。今やベトナムでは30歳以下の若者が人口の6割を占める。「戦争を知らない」子どもたちだ。社会は急速に変わっている。

2 「ベトコンの女王」

まず目指す女性の事務所を訪問した。1968年のパリ和平会談に南ベトナム解放民族戦線を代表して臨んだグエン・ティ・ビンさんだ。

86歳のグェン・ティ・ビンさんが笑顔で迎えてくれた＝2013年10月、ハノイで

パリ和平会談とは、ベトナム戦争の終結に向けて話し合った国際会議で、南北ベトナムと米国そして南ベトナムで活動する「ベトコン」と呼ばれた解放戦線のゲリラの４者の代表が臨んだ。米国からは国務長官、南北ベトナムからはともに外相が出席したが、ゲリラの代表がどのような人物かは不明だった。

ジャングルから出てきたゲリラの代表は、ピンクのアオザイ姿で長い黒髪の女性だった。世界を驚かせた人が彼女だ。

ビンさんは回顧録『家族、仲間、そして祖国』（コールサック社）を日本で出版したばかりだった。世界に名を馳せた歴史的なベトナム人で元気な人は、もはや彼女一人だけだ。歴史的な存在である。会ったときは８６歳で、なお民間外交で活躍していた。

訪れたのはハノイの中心部にある市民団体「ベトナム平和発展基金」の事務所だ。ビンさんがその代表である。国際政治のひのき舞台に登場した当時の新聞写真の印象では、長い髪をひっつめにして日焼けし引き締まった顔がいかにも闘士を感じさせた。今や髪は短く顔はふくよかだ。見かけは市場のおばちゃんといった感じである。

ベトナムは日本と同じ漢字文化圏だ。グエン（阮）が苗字で、ティ（氏）は出身の家を示し、ビン（平）が固有の名だ。だから通常はビンさんと呼ぶ。これはゲリラ名である。本名はグエン・ティ・チャウで、地下活動に入ったさいに改名した。「平」はまさに和平を意味する。

さっそく質問に入った。まず聞きたかったのは、歴史的な戦争の運命を決めるパリ会談に、なぜ彼女が代表として派遣されたのかということだ。ゲリラの代表なら屈強な男性が出て来るだろうとだれもが思っていた。率直に質問した。「なぜ女性が代表になったのですか？」

ビンさんはもっともな質問だという風に大きくうなずきながら語った。「ベトナム戦争は男性だけでなく女性も多数参加した全人民の戦争でした。女性は『長い髪の軍隊』と呼ばれて戦闘に参加し、大きな役割を果たしました。代表を女性にしたのは、これがベトナム全人民の戦いだという意志の表れです」。

そう話した上で、笑って付け加えた。「本質はそうだけれど、外交には芸術という側面があります。女性を代表にすれば世論に良いイメージを与えますからね」。なるほど、女性を代表にした背景には、ベトナム側のしたたかな計算があったのだ。

パリ会談に臨んだときは解放戦線の代表だったが、南ベトナム臨時革命政府が樹立されると外務大臣に就任し、政府を代表して交渉するようになった。「そのためには政治や文化の知識が必要です。そんな素晴らしい能力が自分にあるとは思えませんでした。でも、ベトナム人がそうしたときに考えるのは、自分の力のある限りを尽くそうとすることです。国民のためにすべてを捧げる精神で臨みました。指導部が私を代表に選んだのは、私が務めを全うできると考えたからでしょう。私はいつでも応じられるよう、しっかり用意していました」と話す。飾りだけの代表ではなくて、実力を伴った政治家だったのだ。いや、交渉の中でしたたかな政治家に成長していったのだ。

「私たちには正義がある。全国民が心を一つにして救国闘争を勝利のうちに進めることができると確信していました。会議が長引いて疲れ果てうんざりしたこともあります。けれども必ず私たちが勝利する、あとは時間の問題だと思っていました。そのうえ全世界から大きな励ましがありました。それこそ私たちの戦いが正義の戦いだということを裏付けていました」

堂々たる自信と信念だ。当時、西側の政治家やマスコミが彼女を「ベトコンの女王」と呼んだのもうなずける。

パリ会談は5年に及び、ついに1973年1月に和平協定が結ばれた。その2日後、当時のニクソン米大統領はベトナム戦争の終結を宣言。アメリカ軍は順次ベトナムから撤退した。米軍がいなくなった後も戦争は続き、75年4月にサイゴンが陥落。南ベトナム政府は無条件降伏し、ようやく戦争は終わった。翌年、南北ベトナムは統一されベトナム社会主義共和国が誕生した。

3　死ぬまで休まずに

ビンさんの経歴を記そう。1927年5月26日、ベトナム南西部の村で生まれた。父親は政府の測量技師で、6人兄弟姉妹の長女だ。父の異動でカンボジアに行き、フランス語の高校で学んだあとベトナムに帰り、抗仏戦争のゲリラ兵となった男性と結婚した。自分も抗仏の地下活動をしたが、秘密警察に捕まって死んだ方がましだと思うほどの拷問を受けた。3年の監獄生活を終えたのは1954年だ。この年、ディエンビエンフーの戦いでベトナム軍がフランス軍に勝利し、フランスはベトナムから出て行った。

その年、ハノイの中央女性連合会で活動を始め、ゲリラの学校で政治理論を学んだ。ベトナム南部に解放戦線が誕生すると、フランス語の能力を買われて外交活動の任務に就き、ハンガリーで開かれた世界学生大会、オーストリアの国際婦人会議など国際会議にベトナム代表団として参加した。こうした豊かな実績のもとに1968年11月に開始したパリ会談の代表に選ばれたのだ。濃いピンク色のベトナムの民族衣装アオザイの上に灰色のコートを羽織り、花柄の黒いマフラーを巻いてパリの空港に降り立った。

5年後にパリ協定が締結されたさいは外相としてサインしたが、調印した4人の代表のうち生き残っているのは彼女だけだ。

ベトナム戦争が完全に終わり南北ベトナムが統一すると、ビンさんはベトナム社会主義共和国の国会議員になった。さらに教育大臣から国家副主席に就任する。２００２年に７５歳で引退したが、翌年には市民団体「平和発展基金」を立ち上げた。これからは一市民としてベトナムの発展のために尽くそうと考えたからだ。

「私はいっときも休んでいません。国は解放されたけれど、今も山ほどの困難を抱えています。これからも国のため人民のため、できることは休まずに何でもします。振り返ると民族解放闘争はとても厳しかったけれど、国家の再建も難しい。休まず努力を続けます」と語った。「休まず」という言葉を繰り返し使う。彼女の著書に「人生の中で平坦であったことなど一度もありませんでした」という言葉が出てくる。この人の人生に休みはあるのだろうか。

4　平和の尊さを誰よりも

平和発展基金は、安全や平和の観点から開発をテーマに提言するのが役割だ。このところの活動は、南シナ海の領海をめぐる中国とベトナムとのいさかいで、両国が衝突を避けるよう尽くしている。ビンさんに会った頃もベトナムが主張する領海内で中国の艦船がベトナム漁船に発砲し、ベトナム政府が中国に抗議したばかりだった。それに関連して私は日本の尖閣《せんかく》諸島問題に触れ、中国との領土問題にどう対応しているのかを質問した。

「戦争が終わって30年たちました。戦争がどんなものか、平和がどんなに尊いものか、私たちは世界の誰よりも知っています。国の再建のためには平和が必要です。友好や平和を大切にしたい。南シナ海のすべての衝突は話し合いで解決すべきです」

基金が発行する小冊子『ベトナムと東海』には、ベトナムの東に広がる南シナ海の島々の歴史や海域の自由航行の主張が述べてある。東南アジア諸国連合（ASEAN）の枠組みに沿って平和解決を進めるべきだ、というのが基金の主張だ。それはベトナム政府の立場でもある。その後、ベトナムと中国はこの問題での平和解決を確認し、海洋の共同開発のため作業部会を立ち上げることで合意した。

ビンさんは枯葉剤被害者の会の名誉会長でもある。「アメリカがベトナムに落とした爆弾や地雷を除くには、少なくとも100年かかります。中でも一番ひどいのが枯葉剤です。遺伝子を伝って、被害者は将来にわたります。影響を受けた480万人の多くが亡くなったけれど、なお30万人が生きています。その多くが貧しい人々です。汚染されたまま未処理の地区が10ヵ所あります」と話した。

枯葉剤で広く知られているのが、下半身がつながった状態で生まれたベトちゃんとドクちゃんだ。日本の医師団も手術に参加するなど日本の市民の支援で分離が成功した。兄のベトちゃんは2007年に病死したが、弟のドクちゃんは来日を重ね、2017年には広島国際大学の客員教授に就任している。私がベトナムを訪問中に、ドクちゃんの記事がベトナムの新聞に載った。「亡くなったベトちゃんのためにも、人生を良く生きることを自分に誓った。他の枯葉剤被害者のため役に立ちたい」と、ドクちゃんは記事で語っている。治療で支援した日本人への感謝をこめ長男をフーシー（富士）、長女をアインダオ（桜）と名付けたという。

いっしょに参加した埼玉県の山口敏子さんが原発について質問した。ベトナムが日本製の原発の輸入を計画したことについてだ。ビンさんは「私は原発の使用には懐疑的です。原発の危険性を認識しない一部の人たちが計画を進めています。原発は危ない。やめた方がいいと思っています」と懸念を示した。

神奈川県の一色由紀子さんは「私の青春はベトナム戦争と切り離せません。当時の日本政府はアメリカに協力していました。日本に対してどんな印象をお持ちですか」と聞いた。ビンさんは「国家の再建のために幅広い協力が必要です。今の日本の経済協力はベトナムの役に立っていて、ありがたく思っています。戦争当時のような良くない介入はいりません」と語った。

第2節　赤いナポレオン

1　赤いナポレオンの死

ビンさんと握手して別れた1時間半後、解放戦争の司令官として世界最強の米軍を破ったヴォー・グエン・ザップ将軍が102歳で亡くなった。2013年10月4日午後6時9分。縦横無尽な戦略から「赤いナポレオン」と呼ばれた彼の死で、ベトナム戦争は完全に幕を閉じた感がある。

政府が特別コミュニケで彼の死を公表したのは翌日だった。テレビのニュースでは軍服姿の女性アナウンサーが沈痛な面持ちで「党、国家、軍にとって大いなる損失です」と語った。訃報を知った市民はハノイのザップ将軍宅を弔問に訪れた。勲章を胸にした元軍人、花束を持った若者ら、その数は数日で10万人を超えた。これほど多くの人々に慕われたのには理由がある。現在のベトナム政府はとかく汚職や硬直した官僚制が批判されがちだ。その中でザップ将軍の清廉潔白さと、常に庶民とともに歩む姿勢は際立っていた。

弔問の老女は「洪水に襲われた私の村に将軍から見舞いの手紙が届いたのはほんの数日前でした」と話す。「今の指導者は言うこととすることが違う。将軍は筋を通した」と元兵士は語った。

ベトナム戦争が終わるとザップ将軍は副首相や国防相などを務めたが、歯に衣を着せぬ発言が次第に疎まれ、1982年には党政治局員をやめることになった。91年にはすべての役職を離れた。しかし、彼は党の外から政権の腐敗を指弾し、2006年には「今やベトナム共産党は汚職公務員の保護者に堕ちた」と口を極めて糾弾した。この警告をきっかけに政府は汚職や公権濫用の実態を認め、党書記長が主導する中央汚職対策委員会が発足した。

ザップ将軍の経歴も挙げよう。彼は1912年にベトナム中部で生まれ、大学で法律を学び高校の歴史の教師となった。フランスからの独立運動の中、亡命先の中国で革命の指導者ホー・チ・ミンと出会い、33歳で解放組織の軍事部門である武装宣伝隊を組織した。しかし、軍事を専門に学んだことはない。「百科事典で手投げ弾の仕組みを学んだ。森が軍事学校だった」と言う。名を漢字にすれば武（ヴォー）阮（グエン）甲（ザップ）だ。ゲリラ活動に入るときに改名した名である。

1945年にホー・チ・ミンが独立宣言を出すと、彼は内相に就任した。50年にはベトナム人民解放軍の総司令官に就任した。当時、中国からやってきた軍事顧問の将軍が作戦に口を出すと、「ここはベトナムだ。戦うのは我々だ。あなたが我々に命令する権限はない。ここを出ていけ」と怒鳴ったという。当時、革命が成功したばかりで日の出の勢いがあった大国の中国に対しても、最初から毅然として自立の精神を貫いたのだ。

2 ディエンビエンフー

フランス軍との最後の決戦となったのが1954年、ベトナム北西部の山岳地帯ディエンビエンフーの戦いだ。フランス軍はここに難攻不落と言われた基地を築いた。滑走路もつくり、物資は空から飛行機で運んだ。ベトナム軍がここまで武器を運ぶのは困難で、圧倒的にフランス軍が優勢だ……と思われていた。しかし、ベトナム軍は2ヵ月の戦いで完全な勝利を勝ち取った。

どうやってこの基地を陥落させたのだろうか。それはザップ将軍の著書『人民の戦争・人民の軍隊』（中公文庫）に詳しく書いてある。この本はキューバ革命を成功させたチェ・ゲバラの『ゲリラ戦争』（中公文庫）と並んで、ゲリラ戦略、戦術の教科書のようだ。たとえば、こんなことが書いてある。

「一拠点で、部隊を集結させることにより絶対的な主導権を獲得し、敵を撃破することができる」、「敵の有利な点を無力化する一方、敵のもろい面をうまく利用しなければならない」

フランス軍の基地は山に囲まれた盆地にあった。ここに兵士1万6000人が陣取り、28門の大砲を備えていた。ベトナム軍はジャングルを通り抜けて33の歩兵大隊、6つの砲兵連隊さらに機械化部隊1個連隊を集結し、フランス軍の5倍の兵員で包囲した。まさにザップ将軍が著書で述べたとおり、部隊を一拠点に集結させたのだ。

ベトナムの兵士たちは周囲の山に数百キロにも及ぶ塹壕《ざんごう》を掘った。兵士はジャングルを通り抜けて運んできた大砲48門を、山腹に道を切り拓いて山の上に引き上げた。大砲につけた綱を大勢が人力で引いたのだ。綱が切れたとき兵士の一人は大砲の車輪の下に身を投げ、身をもって大砲が滑り落ちるのを食い止めた。敵の銃眼《じゅうがん》（射撃するために防壁に作った小さな穴）を自分の身体でふさいだ兵士もいた。

ここまでなら、旧日本軍でも聞いたような行動である。戦時中の日本軍と違うのは「誰のため、何のために戦ったのか」ということだ。

ザップ将軍の死の2日後、私はディエンビエンフーに飛んだ。ハノイから西へ。プロペラ機で1時間かけ、山間の小さなディエンビエンフー空港に降り立った。ここからラオスの国境まではわずか32キロしかない。今は人口3万人の町だ。街を見下ろす丘の上に戦勝記念碑が建っている。兵士が旗を振ったり、バンザイをする幼児を抱いていたりする姿の銅像だ。

市街を見下ろすと、小さな町の中央に大通りが1本延び、両側に建物が密集している。その向こうは広大な水田地帯だ。小雨に緑がけぶる。その向こうはジャングルである。

街を歩く人々、とくに女性は民族衣装が多い。全身真っ黒な服を着た人もいるし、少なくともスカートはほぼみんな黒の巻きスカートだ。このあたりは黒ターイ族という少数民族の居住地である。裏通りを入っていくとすぐに彼らの高床式住居が並ぶ。

その1軒を訪ねてみた。ベトナム戦争時代に民兵隊の中隊長だったラー・バン・フォンさんの家だった。高床になった2階は板張りで、仕込んだ酒を入れた瓶が20本くらい並べてある。壁に掛かった額は戦争中の手柄の感謝状だ。今は農業をして水田で米を一期作している。長女は教育大学に通い、長男は高校生だ。こんな地方の町で子どもが高等教育を受けられるのは、さすがベトナムだ。

3　だれを守る軍隊か

大通りに面して戦勝記念館がある。改築中で、翌年の戦勝60周年のさいにザップ将軍を迎えて竣工式を行う予定だった。館内にはフランス軍との決戦のさいに使った武器や当時の写真などが展示されている。

その中に自転車がある。1台に六つの米袋と10リットルの水、計370キロを乗せてジャングルを越え、戦場に運ぶのに使った。かつての相撲取り小錦《こにしき》1人半の重さだ。もちろん自転車に人間が乗ってペダルをこぐわけにはいかない。ハンドルに長い竹をゆわえつけ、大勢が一列になって押したのだ。人海戦術を絵に描いたようなやり方である。こんなことまでして食料や物資を運ぶなんて、ヨーロッパ人は思いつきもしないだろう。

川にかかる橋げたは板だ。ベトナム人民軍の緑の軍服を着た若い兵士の一団10人ほどが歩いてやってきた。足元は裸足でサンダル履きだ。戦時中のサンダルは撃墜した米軍機のタイヤからつくられホー・チ・ミン・サンダルと呼ばれた。それに比べれば少しはましだが、軍靴でなくサンダルというのがいかにものどかさを感じさせる。

「ディエンビエンフーの戦い」でのフランス軍司令部跡に立つ筆者
＝2013年10月、ベトナム北西部のディエンビエンフーで

川のそばには破壊された機関銃の台座が残る。この川の攻防がディエンビエンフーの戦いの一つのクライマックスだった。その先には地下に掘ったフランス軍の司令部跡がそのまま残っていた。作戦室、司令官の部屋の机もそのままだ。地上部分は鉄板をかまぼこ状に覆い、砂嚢《さのう》が詰めてある。いかにも前線本部というしつらえだ。今は博物館になって当時の様子を伝える。

入り口の売店でザップ将軍の写真集を売っていた。ぱらぱらとめくると、決戦が終わった直後の戦場の写真がある。そこにザップ将軍の言葉が添えてあった。「陣地から見渡したとき突然、今直ちにすべき重大な任務に気付いた。ここを元通りにしなければならない。農民が秋の収穫をできるように」。

軍人、それも司令官なら勝利の喜びに浸るのが当然なのが、勝利の瞬間である。戦前の日本軍や現在の米軍だったら、将軍は勲章を頭に描いてシャンパンで乾杯していただろう。しかし、ザップ将軍は違った。彼は喜びに浸るのでなく、真っ先に農民の生活のことを考えた。この戦争がだれのために、何を求めた戦いなのかを、しっかりと理解していたからである。

ザップ将軍とはそんな軍人だった。ベトナム戦争とはそのような戦争だった。民族の独立と自治を求め、一部の権力者のためでなく名もない民衆のために戦った。だからこそ人々は命をかけて戦ったし、超大国アメリカに勝つことができたのだ。

沖縄で戦時中の日本軍の行動を聞くと、防空壕にいた住民を空襲の下に追い出して兵士が防空壕に入ったとか、マラリアが蔓延《まんえん》するジャングルに住民を強制疎開させて彼らの食料を軍が奪ったとか、軍が住民にひどい扱いをしていた話をよく耳にする。

司馬遼太郎氏も同じことを体験から語っていた。彼は東京郊外の戦車部隊にいたが、いよいよ終戦間際になって命令が下った。米軍が東京湾に上陸したら部隊は皇居を守るため都心に進軍せよ、というのだ。司馬氏の上官が「そのような事態になれば、道路は都心から郊外に向けて逃げる避難民でいっぱいになっていて戦車は通れないのではないですか」と質問した。大本営から来た参謀は「皇軍に逆らうヤツは非国民だからひいて行け」と言ったそうだ。旧日本軍にとって守るべきものは国体と軍そのものでしかなかった。
ベトナムは米軍に勝ち、日本は負けた。その違いの決定的な理由はここにある。

第3節　新たな出発

1　女性決死隊

これに先立つもう一つのベトナムへの旅は、中部を目指した。ハノイから飛行機で南下して1時間15分で、ベトナム中部のダナンに到着する。そのまま車で海岸線沿いに北上し、150キロ先のフエに着いた。この街は日本の京都のような古都だ。19世紀に生まれた阮朝《げんちょう》の皇帝がこの町を首都とし、1945年にホー・チ・ミンの革命政権によって滅亡するまでベトナムの政治、文化の中心だった。

フォン（香）川という、名前からして優雅な大河が町の真ん中をゆったりと流れる。白いアオザイを着て菅笠《すげがさ》をかぶった女性が小舟をこぐ。白はこの町の特徴だ。海辺は白砂だし、街を歩く女性は白いアオザイ姿が多い。

川に面した旧市街には、堀に囲まれて華麗《かれい》な王宮がそびえる。堀の水面にはハスの花が咲き、重厚な石橋をわたり石造りの壮麗な門をくぐると、広場をはさんで左右に宮殿の建物が連なる。宮殿の屋根の装飾はいかにも中国風な曲線で、壁の彫刻は龍や鳳凰《ほうおう》など中国文化の影響があらわだ。市街には寺が100もあると言われ、あちこちに伽藍《がらん》や塔がそそり立つ。

いかにものどかな文化の町だが、ベトナム戦争が激しかった1968年の旧正月（テト）に、北ベトナム人民軍と南ベトナム解放民族戦線が米軍に対して大攻勢をしかけた。テト攻勢という。これがベトナム戦争で最大の転機となり、世界にベトナム反戦運動が広がって米軍は後退に向かった。

このとき大半が10代の女性の11人から成る決死隊が結成された。川の名をとって「フォン川分隊」という。うち6人が戦死したが、彼女らの活躍は今も語り継がれる。結成当時の有名な写真が博物館にある。軍服を着て軍帽をかぶり自動小銃を肩に整列した11人の姿だ。右から2人目は顔があどけない。目を伏せた面立ちが、いかにも文学少女のようだ。その女性が今もフエに住んでいるという。

ホアン・ティ・ノさん。今や63歳になった彼女をたずねて、市内の自宅を訪れた。ノさん

左が女性決死隊11人の一人・ホアン・ティ・ノさん、
右は通訳のビンさん＝2013年3月、フエで

は黒い半そでの服で迎えてくれた。切れ長で小さな目の物静かな顔は、当時の写真のまま歳を重ねただけのように見える。

16歳までベトナムの女性がよくかぶっている菅笠をつくって売り、その収入を中学校の学費と生活費に充てていた。菅笠の裏に自作の詩を書いて売ったというから、本当に文学少女だったのだ。

「子どものころから周囲にアメリカ兵がいました。最初は嫌な感情は持っていなかったけれど、独立を目指すベトナム人を彼らが殺したことで怒りが湧きました。アメリカと戦おう、侵略者を追いだそうと思いました」と話す。

解放軍の遊撃隊に加わったのは17歳

のときだ。テト攻勢の前年、10代の女性ばかりの決死隊が結成されると聞き、志願した。決死隊の任務は、攻勢を前に敵状を探り、襲撃がより効率的になるよう情報を集めるとともに、攻勢が始まったら主力部隊を先導して街に突入することだ。男性なら街にいるだけで疑われて警察や軍に尋問されるが、女性なら目立たなかった。それでも不審に思われれば逮捕され、容赦なく拷問にかけられる危険な任務である。

ソ連製のカラシニコフ自動小銃をわたされ、ジャングルの中で射撃訓練をした。訓練を終えると、いつものように街角で菅笠を売りながらアメリカ兵の動きを探った。彼らの行動の報告を傘の裏に書き、客を装った解放軍の兵士に傘をわたした。彼女らの情報をもとにベトナム軍は作戦を立て、市内のあちこちに武器を隠して準備した。

攻勢が開始するとノさんは北ベトナム正規軍を案内して市街地に突入した。最初の26日間はフエを占領できたが、米軍が爆撃機や戦車を動員して奪還にかかった。ノさんらは市場や競技場の周辺に塹壕を掘り、迫撃砲や対戦車砲を使って応戦した。さらに負傷した兵士を小舟に乗せて後方に送った。激しい市街戦が展開し仲間のうちすぐに2人が戦死した。さらに4人が犠牲となった。亡くなった仲間たちは市内の墓地に眠っている。

戦後は元兵士の会や在郷軍人会、婦人会の活動をしてきた。女性の社会活動への参加を促すフエ市婦人連合会の会長を最後に退職し、6年前から年金生活に入った。「戦争は嫌です。今もイラクなど世界中で戦争が起きると、ベトナムの昔を思い出し、戦争の下に置かれる人々の苦しみを痛感します。世界が平和になり、だれもが平等に暮らせる社会を希望します」。最後まで静かに語った。

夫は人民軍の少佐で娘2人、孫2人がいる。今は平穏な生活にいる。

2　自由ベトナム行進曲

ノさんの話を聴いた後、同行したみんなでお礼にベトナムの歌を歌った。そのうちの一つが「自由ベトナム行進曲」だ。

若いわれら人民のため
希望の道ひらく
自由のくにとり返すまで
強く闘うわれら
奴隷のようにこき使う者
占領者を追い返せ

解放のくに築くわれら
若いベトナム兵士！
（作曲・ドアンクァンハイ、訳詞・関忠亮《ただすけ》）

私たちが日本語で歌い始めると、ノさんの隣にいたガイド兼通訳のチャン・バン・ビンさんが目を輝かせて自分から音頭を取り手拍子をしながら、この歌をベトナム語で私たちと合唱した。ノさんも手拍子を取り、笑顔で歌う。

いっしょに歌ってみると、日本語の歌とベトナム語の元歌ではメロディーが微妙に違う。元歌はフレーズの最後が勢いよく跳ね上がる。ベトナム語の会話がまさにそのような調子だ。言葉のトーンがそのまま歌に反映している。

曲だけでなく歌詞も違うのかもしれないと思って、ビンさんにベトナム語の歌詞を聞いた。本来のベトナム語の歌のタイトルは「人民のために身を捧げる」というものだった。歌詞は、

我らは人民から生まれた兵士
限りなく人民に愛され信頼される
生命ある限り模範的に戦い抜こう

ホー・チ・ミンを手本とし
祖国のために奮闘し
帝国主義者を壊滅して
自由、独立、平和を取り戻そう

……というものだ。まあ、内容はそっくりである。日本に取り入れる時に、曲は日本人に合うように変え、歌詞も日本語にうまく当てはめたのだ。

この歌はベトナム戦争に先立つ１９４１年の抗仏戦争のさいに作られた。最初の人民軍はたった２１人だったたが、フランスを追い出したときは５０万に膨らんでいた。今もこの歌は人民軍の行事で必ず歌われる。

３　忍者の目に涙

ほかにベトナム戦争を歌った「戦車は動けない」という歌がある。米軍は戦闘で破損した戦車を日本に送り、神奈川県の米軍相模原補給廠で修理してベトナムの戦場に戻した。１９７２年８月、戦車を積んだトレーラーの前に市民１００人が座り込んで通行を阻止した。翌日には、原水禁世界大会に出席するため来日していたベトナム代表も加わり、歓声の中、「みなさんが流す汗の一滴、一滴は、ベトナム人民の血の一滴を救う」と話した。以来、数千人の市民が100日にわたって戦車を止めた。

サガミハラ……と語るビンさんの目に涙が浮かんだ。「日本政府がアメリカと一体となっていたとき、そして私たちが一番苦しかったとき、日本の市民が身体を張って示してくれた連帯の気持ちが、いかにうれしかったか。いかに私たちが勇気づけられたか」。そう話すビンさんの目から大粒の涙が流れた。

ビンさんは日本とベトナム間の初の交換留学生だ。早稲田大学で日本近代史を学び修士号を持つ。当時は目黒区駒場の外国人学生寮に住んでいた。堪能な日本語の能力を買われ、日本とベトナムの首脳会談の折に当時の村山富市《とみいち》首相の通訳をしたことがある。実は1995年に私が『観光コースでないベトナム』（高文研）という本を書くためにベトナムに取材に入ったとき、通訳をしてくれた人でもある。

ビンさん自身がダナンの特殊部隊に所属するベトナム解放軍の兵士だった。彼が南ベトナムの首都だったサイゴンに潜入したのは、解放軍が大統領官邸に突入する3年前だ。人力車やタクシーの運転手となって敵状を探った。砂浜に入って探っているうちに敵に見つかりそうになり、砂にもぐって2日間、じっとしていたこともある。砂浜には地雷が仕掛けられていて、爆風で体が飛ばされもした。敵の基地の井戸の数をつかむために水草を頭に乗せて海に入り、海から観察した。まるで忍者さながらではないか。

「自分から志願して行きました。一番、危ない仕事で、勇敢さと愛国心がなければできなかった。危機が迫ったときに相談する人もなく、いま何が必要かを全て自分で判断しなければならない。食べ物は乾燥したサツマイモで、川の水を飲みました」。ハノイ郊外の農村で生まれ、10人兄弟で家は貧しかった。中学生のときに米軍が北爆を開始した。「どうしてアメリカがこのような破壊活動をするのか。悪い侵略者を追い出そうと思った」と語る。兄弟のうち2人は戦死した。

ベトナム戦争中、南ベトナム政府軍の奥深く飛び込んで諜報活動をした解放軍側の人々は数多いという。警察の事務局長は人民軍が送り込んだ諜報員《ちょうほういん》だった。南ベトナム政府の顧問補佐官もホー・チ・ミンが送り込んだ。サイゴン陥落の直前に南ベトナム空軍が解放区を爆撃しようとしたさい、うち1機はUターンして大統領官邸を爆撃した。もともと人民軍の兵士だったのだ。正面の戦いだけでなく、裏側でもしっかりと攪乱《かくらん》をしたのだ。

2018年にベトナムのジャーナリスト、グエン・ゴックさんが来日した。彼が明らかにしたのは、ベトナム戦争中に有名なホーチミン・ルートとは別に、「海のホーナミン・ルート」といわれる船による輸送ルートがあったことだ。ベトナム戦争で知られていないことは、まだまだある。

4　この歌です！

サガミハラを歌った「戦車は動けない」の歌で、もう一つ。横浜の市民が戦車を止めた翌年の1973年、女性文化代表団の一人として日本から北ベトナムを訪れたのが歌手の横井久美子さんだ。南ベトナムとの国境近くに行き、高射砲部隊の高射砲の側で兵士約40人を前にこの歌を歌った。若い兵士たちは手拍子で応じた。首都ハノイの劇場でも歌った。拍手する中にヴォー・グエン・ザップ将軍もいた。

劇場の歌が録音され有線放送でニュースとともに流れた。まだラジオも普及していない時代、北ベトナム全土の村の拡声器から大音量で横井さんの歌声が響いた。「サガミハラ」は日本の市民との連帯を示す言葉として、ベトナム人の心に刻まれた。

心に刻んだ一人がチャン・フォン・リエンさんだ。ベトナム戦争中、小児まひで体が動けなかった15歳のとき、拡声器から流れる日本人の歌を聴いた。意味を教えてもらい、繰り返し歌っているうちに日本語が好きになり、独学で日本語を勉強した。今は中部のフエで日本語教室を主宰している。

リエンさんは日本人に会うたびに、この歌を歌った歌手を知らないか、と聞いた。ようやく横井さんだとわかり、連絡先を知ったリエンさんが横井さんにメールを出したのは、歌を初めて聴いてから33年後の2006年だ。

「この歌です。この歌ですよ。私はこの歌を聞きながら泣いています。私はチャン・フォン・リエンといいます」。突然、ベトナムの女性から届いたメールを見て、横井久美子さんは目を見張った。横井さんは翌年、リエンさんを日本に招いた。それからはリエンさんの日本語教室の授業料を支援している。2003年からは毎年ベトナムを訪れて、コンサートを開いている。

旧南ベトナムの首都サイゴンは今、ホーチミン市となった。市内にはベトナム戦争を伝える戦争証跡博物館がある。その一角に2018年、「横井久美子コーナー」が新設された。

さて、ノさんと別れた私たちは、国道1号線を車で北上した。

やがて大きな川に行き当たった。幅150メートルのベンハイ川だ。北緯17度線としてベトナムを南北二つの国に分けた国境が、この川だった。その南側には今も南ベトナム政府軍の監視塔が残る。鉄橋だが橋げたに木の板をわたしたヒエンロン橋がかかる。歩いて北側に行くと、直径1メートルもある巨大なスピーカーが道端に置いてあった。戦時中、北の政府がこれを南に向けて宣伝放送していたのだ。「祖国を統一しよう」という訴えや民族音楽を大音響で流したという。横井さんの歌も、このような特大のスピーカーから流れたのかもしれない。

5　出発！

通訳のビンさんが現在のベトナムの様子を語り始めた。

「ベトナムはもともと農民の国です。農民は作物の10％を税として国に納めます。農地は国有地だけど、国が農民に50年間、貸与する仕組みです。住宅地は個人の所有です」

「以前はバオカップ制という、国家が国民生活を丸抱えする仕組みがありました。たとえば食糧や生活必需品は配給でした。しかし、経済の進展とともに、この制度が維持できなくなりました。国営企業でも経営がうまくいかなければ倒産するようになったのです。民営企業が増えています」

「いま、労働者の最低賃金は米ドルにして月に50ドルから70ドルです。一家4人がそれなりに暮らすには、月に400～500ドルが必要です。ベトナムの通貨はドンで、ビールを屋台で飲むと1本2万ドン、日本円で100円くらいです」

「この10年間、国が最も投資したのは教育の分野です。小学校は5年、中学は4年、高校は3年です。子どもたちの95％が高校まで進学します。教育は無償です。私立は有料です。

都市部はいいのですが、地方に行くと少数民族や水上生活の子どもが学校に行かないという問題を抱えています」

戦争が終わったら終わったで、発展という問題を抱える。なかなか大変だが、ベトナム人の顔は明るい。超大国を相手に堂々と戦って、ついに勝ったという自負がある。あれだけの困難な時代を生き抜いたのだから、これからどんな状況が出てきても乗り越えられるという自信がある。

この点は戦争でアメリカに負け、敗北感をそのまま引きずって不平等な地位協定によって米国の植民地のような扱いを受けている日本とは大違いだ。自立と活力の面で、私たちがベトナムの人々から学ぶことは多い。

ベトナムと日本とは、実は似た面がかなりある。南北に長く山がちで平野が少ない国土。面積の割には人口が多く勤勉な国民性。茅葺《かやぶ》きの農家や棚田、箸を使って主食には米を食べる食生活など共通している。

ベトナム語と日本語とは耳にしただけだとまったく違うように思えるが、これも実は似ている。話し言葉を聞くと抑揚が多く、歌や鳥のさえずりを耳にするように聞こえる。しかし、文法は違うが、単語は共通するものが多い。ともに中国の漢字を元にしているからだ。漢字に直せば意味はわかる。

ベトナムのベトは「越」だ。ナムは「南」。ベトナムとエッナン。似ているではないか。首都のハノイのハは「河」、ノイは「内」だ。二つの川に挟まれた地だからこの名になった。日本語で読めばカナイ。ハノイとカナイ。これも似ている。「ありがとう」をベトナム語で「カムアン」と言う。全然違うと思うかもしれないが、カムは「感」で、アンは「恩」だ。あなたの恩を感じますよ、という意味だ。日本語読みすればカンオン。カムアンとそっくりだ。今は漢字を使わずにローマ字表記だから、すぐにはつながらないが、注意してみれば類似性に気づく。道路の交通標識に「ＣＨＵ－Ｙ」と書いてある。意味は、そのまま「注意」だ。

こうしてみると、日本とベトナムは漢字文化を通じて兄弟なのだとわかる。さらに言えば韓国語で「ありがとう」をカムサというが、漢字にすれば「感謝」だ。カムサとカンシャ。そう。日本と韓国とベトナムは親戚《しんせき》なのだ。中国という巨大な歴史を持つ親から独立し、独自の文化を築いた点でも共通している。仲良くやろうではないか。

バスに乗ったビンさんが声をかけた。「スッパッ！」。そう、出発だ。ともに肩を組んで発展していくために、新たに出発しようではないか。

経済的に貧しくても子どもたちの顔は明るい
＝2012年6月、マニラのバセコ地区で

第三章
米軍基地も原発もなくしたフィリピン

原発と基地と言えば、今の日本が抱える二つの大きな問題だ。福島第一原発が大事故を起こしても政府は原発にしがみつき、全国の原発を再稼働させようとする。外国軍の基地をこれだけ多く抱え、首都の上空の管制権を他国に譲っている独立国など、世界に他にない。

そう言うと、何をしたって原発も基地もなくせないのだというあきらめの言葉が返ってくる。

それは違う。日本の政治だけを見ていると、暗い気持ちに陥るのも無理はない。だが、日本しか見ていないから、悲観的な気持ちに陥るのだ。

世界は違う。基地をなくし、原発をやめて自然エネルギーに急速に進んでいるのが世界の流れだ。日本を見て絶望する人も、世界をきちんと見れば、基地も原発もなくせるのだと知って希望がわいてくる。

現実に、原発も米軍基地もなくした国がある。同じアジアのフィリピンだ。巨額の資金を出して建設した原発を、一度も使うことなく廃炉にした。そして自然エネルギー大国になった。さらに東南アジア最大だった米軍の海軍基地、空軍基地を地位協定にのっとって追い出した。日本ができないことを、アジアの小さな国が見事にやってのけた。

第1節　基地を追い出した

1　なぜ実現できたのか

フィリピンを東南アジアの貧しくて遅れた開発途上国だと見下すように言う人がいるが、とんでもない。フィリピンの国民はかつてピープル・パワーと呼ばれる市民の力で独裁政権を倒した。日本ほどの「国力」はないが、日本をはるかに上回る「市民力」がある。

その現場を見てみたい。どうやって脱原発、脱基地を実現したのか。なぜ、それができたのか。日本に参考になることはないのか。探ってみようではないか。

そう思ってフィリピンを訪れたのは、福島第一原発の事故が起きた翌年の２０１２年６月だ。その翌年の２０１３年１月にも訪れた。フィリピンはそれまでも３度、基地跡も２度取材に訪れており、土地勘があった。

せっかく現地に行くのだから東京の富士国際旅行社を通じて仲間を誘うと、北海道から大阪まで11人が同行することになった。福島原発の事故の影響でホットスポットとなった地に住んでいる元教師が二人いる。千葉県に住む町田程子《のりこ》さんと埼玉県の堀口明子さん。埼玉の小河和男さんは平和のための戦争展を主宰している。北海道の那須野千春《なすのちはる》さんは「原子炉の中が見たい。返還された基地跡がどうなったかに興味がある」と語る。廃炉となった原子炉の中に入ることができるのかどうかわからないが、入れるものなら入ってみたい。

首都マニラに着くまでが大変だった。台風シーズンで乱気流のため乗っていた飛行機が大揺れに揺れ、まるでジェットコースターのように急上昇、急降下を繰り返したのだ。機内には悲鳴があがった。私自身、もう二度と飛行機には乗らない……と心に決めたのだが、帰国するためにはもう一度乗らなければならない。う～ん、船で帰国できないかな、いや、船はもっと揺れそうだ……などと考えているうちに5時間後、機はマニラ空港に着陸した。みんな押し黙ったままである。

到着したのが午後1時過ぎだった。ホッとする暇もなく、そのままバスに乗ってスービックを目指した。かつて米海軍基地があった場所だ。そこまで4時間かかる。

この日、6月12日はフィリピンがスペインから独立した記念日だった。首都の中心部に向かう真っ直ぐな大通りの両側の街路灯に国旗が並ぶ。車体を極彩色に装飾したバスがけたたましく警笛を鳴らしながら、暴走族のように脇を駆け抜ける。米軍のジープを乗り合いバスに改造したジプニーだ。

ようやくホテルに着いたのは、もう夜だった。朝9時半に成田空港を出発して心休まらぬ日を過ごして10時間後。これだけ辛い目に遭《あ》ったからには、何でも見てやろうと意欲が湧いてくる。

2　返還された米軍基地は今

この国にはかつて、米軍のアジアにおける最大の基地だったスービック海軍基地とクラーク空軍基地があった。冷戦の時代にはソ連に対抗するアジアの砦として米軍の大部隊が駐留していた。ベトナム戦争の時代には戦地への前線基地となった。しかし、二つの基地とも1992年に米軍からフィリピンに返還された。アメリカが自分から返還したのではない。フィリピン国民が自分たちの力でアメリカに土地を返還させたのだ。

それが今はどうなっているのか。まずは現地を見よう。シンガポール1国よりも広い敷地を車で走り回った。

海に面して基地跡が広がる。中央にある「ＣＢＺ（Central Business Zone）」つまり中央ビジネス地区を訪れた。ぶっきらぼうなコンクリートの四角い倉庫のような建物が並んでおり、壁にナンバーがついている。米軍時代の建物をそのまま使っているのだ。「建て直すと費用がかかるから、廃物利用です」と案内してくれた二人のフィリピン人ＮＧＯ活動家は笑う。すべてショッピング・センターや事務所などの商業施設に変わった。

次の区画に行くと、ダンプカーやショベルカー、ブルドーザー、クレーン車など建設機械がずらりと並んでいる。ざっと見て優に１００台以上ありそうだ。どれも薄汚れていて、見るからに中古品だ。スクラップにするのかと思ったら、逆だった。日本や韓国、台湾から使い古した建設機械を安く輸入し、故障を修理し部品を取り換えたうえで塗装し直してピカピカに磨き上げ、東南アジアの国々に輸出するのだ。いわば中古建設機械の再生センターである。

その先の区画は打って変わってきれいに整っている。幅広い道の先にいかにも清潔な工場群が奥まで続いている。日本に似ている……と思ったのは当然で、日系企業専用の工業団地だった。スービック・テクノ・パークという名前がついている。日本から進出した２５社がここに工場を持っている。

基地跡は四つの区域に分けられている。商業地域、レジャー地域、ソフトウエア開発地域、そして物流地域だ。基地が返還された１９９２年に一帯が「自由港」となった。まず建設されたのはヨットクラブだ。なぜそのような金持ち向けのものを優先するのかと目くじらをたてないでほしい。とりあえず費用が用意できたものから順次、つくったのだ。

海外に手を広げて誘致した努力が実り、台湾のマイクロチップ製造工場が建てられた。海辺に沿ったレジャー地域には、イルカショーをする水族館が建てられた。カマヤン・ビーチというリゾートもつくられ高級ホテルが並んでいる。最大の企業は世界第4位の造船会社、韓国のハンジン（韓進）重工業だ。

すべて順調に進んだわけではない。港と空港を利用しようと入って来た米国の航空貨物輸送会社のＦｅｄＥｘ（フェデックス）は、ここを東南アジアのハブとして使ったが、その後に発展が著しい中国に移転した。アジア太平洋経済協力会議（ＡＰＥＣ）の首脳会議が開かれるのを当て込んで首脳が泊まるための豪華なホテル村を造ったが、首脳はだれも泊まらなかった。

坂を上っていくと、基地の時代に弾薬庫だった地域に出た。案内してくれたドリーさんは「基地の時代、ここは極秘だったため、フィリピン人の労働者がここに来るときは目隠しをされていました」と話す。一帯には318の弾薬庫があり、436トンの弾薬や爆弾が貯蔵されていた。地面を盛り上げて弾薬庫をいくつも造り、屋根を草で覆ってカモフラージュしている。上空からはただの草地としか見えないようにした。

その一つの入り口にフランス国旗が掲げてあった。「なぜ、こんなところにフランス？」と

フレンチ・レストランになっていた米軍の旧弾薬庫
＝2012年6月、スービックで

思ったら、フレンチ・レストランだった。弾薬庫をそのまま利用してフランス料理店にしているのだ。かつての弾薬庫がそのままレストランになっている……。思わず微笑んでしまう。とはいえ、そう簡単ではない。弾薬庫の中には有害物質を保管していたところもあり、汚染処理が問題になっているという。

3　基地時代より労働者が増えた

基地が返還されるきっかけとなったのは、政治的な問題ではない。火山の噴火だ。返還の前の年、１９９１年６月、基地の北にあるピナトゥボ火山が大噴火した。「２０世紀の世界で最大の規模の噴火」と言われ、噴煙は上空40キロに達した。当時、政府の避難センターに収容された避難民だけでも6万人を超す。麓《ふもと》の被災者は基地を突っ切って逃げようとしたが、基地は門を閉ざした。被災者は大回りをして逃げるしかなかった。

これが問題となった。それまで政府は「米軍基地はフィリピン人を守るためにある」と語っていたが、それがウソだとわかったからだ。災害でさえフィリピン人を守らないのなら、戦争になったらますます放っておくだろう。そんなアメリカ軍のために広大な土地を提供する必要があるのか、という国民感情が噴出した。

フィリピンと米国の間には、日米安保条約に似た比米安保条約が結ばれ、基地協定もある。この年がちょうど基地協定の見直しの年だった。今後も土地を基地として米軍に貸すかどうか決める年だった。クラーク空軍基地は火山灰が高く積もっていたため米軍側は放棄に傾いたが、スービック海軍基地は使える。米軍は、これからも基地として使いたいと言った。だが、フィリピン全国で基地返還を求める運動が起きた。

こうした中でフィリピン国会が開かれた。採決では1票差で、基地の返還を決議した。基地協定は、どちらか片方の国が基地をやめようと言えば、1年後に基地はなくなる取り決めだ。規定に沿ってフィリピンの米軍基地は1年後に返還された。

実は日米安保条約でも同じで、日本の国会で「もう土地を米軍には貸さない」と決議すれば、いくら米軍が望んでも1年後には日本にある米軍基地は撤退せざるをえないのだ。

このとき、フィリピンで問題になったのが、基地労働者の生活だ。当時、基地には4万2000人のフィリピン人が働いていた。家族を含めると約30万人が基地に頼って暮らしていた。基地がなくなれば、収入が途絶える。日本でも基地返還といえば同じ問題が出る。同じような悩みを当時、30万人が抱えた。生活のためには基地を残してほしいと考えた人も、もちろんいた。

だが、フィリピンの市民運動は日本人が考え付かないような積極的な発想をした。基地だったら4万2000人しか働けないが、基地でなくなったらもっと雇用の機会が増えるし、努力して増やせばいいという考えだ。

スービック基地の隣にあるオロンガポ市のゴードン市長が提唱し、基地跡の再建案を市民に募った。そこで採用されたのが、NGO「プレダ基金」の案だ。プレダ基金は、基地の米兵が起こす事件からフィリピン女性を守る活動をしてきたNGOである。軍人たちの暴行から女性を守った。米兵を相手に身体を売って生計を立てたり麻薬を常習したりしていた少女たちを救おうと活動してきた。

プレダ基金が出した案は、基地跡を分割して産業地区や農業地区、レジャー施設などにするという内容だ。大型の輸送機も離着陸できる滑走路を効果的に使って国際空港とし、軍艦も接岸できる港を国際貿易や観光に活用し、世界から企業を誘致するという壮大なものだった。これに沿って基地跡の再開発を進めた。

最初の3年は大変だった。しかし、やがて効果が現れた。5年後に私が現地を訪れると、国際的な輸送会社の拠点となり、基地跡で働く人の数は6万7000人に達していた。基地の時代の1・5倍に雇用が伸びたのだ。2010年に訪れたときは、韓国の造船会社や台湾の観光会社も入って9万人に膨れあがっていた。

そして、今回が3度目の基地跡への訪問である。今回はなんと10万人の大台に膨れ上がっていた。基地をなくした結果、基地時代の2・5倍もの人々が、爆音に悩まされず、危険な作業をせずに、しかも外国軍の下請けという屈辱的な仕事でなく、平和な産業で誇り高く生きていけるようになったのだ。

4　翁長氏の転換

こんな話をすると、「いや、それはフィリピンだからできるのだ。日本はそうはいかない」と言う人がいる。すぐにあきらめたり、否定的な考えをしたりする人が、なんと日本に多いことか。こんな風土だから、すぐに奴隷根性に浸り、長いものに巻かれようとすると言われても仕方がないではないか。

　ここでも、実例で示そう。沖縄では町民の運動により１９７６年に北谷《ちゃたん》の飛行場と射撃訓練場を返還させた。跡地を有効利用した結果、雇用数は以前の２３倍に増えた。うるま市の通信所では１９７３年に９７％、８３年には残りのすべてが返還され、雇用が基地時代の４人から２４３１人と６００倍以上にもなった。普通、世界の軍事基地は町はずれにあるが、沖縄では普天間も嘉手納も、町の真ん中に基地がある。基地がある場所は一等地なのだ。だから再開発すればフィリピン以上に人が集まり雇用が増えるのは明らかだ。

　こうした事実に気づいて政治的な方向を変えたのが沖縄県知事となった故・翁長雄志《おながたけし》氏だった。翁長氏は元々、自民党沖縄県連の幹事長を務め、基地の誘致を積極的に進める先頭に立った人である。その彼が政策を１８０度変え、基地をなくす方向に転換した。

　２０１３年１月、沖縄にオスプレイが配備されたことへの怒りの意思を示す「ＮＯ　ＯＳＰＲＥＹ　東京集会」が東京・日比谷野外音楽堂で開かれた。舞台は赤いゼッケンをつけた人々で埋まった。沖縄からやってきた４１の全市町村の首長と議長だ。沖縄選出の国会議員もいて総勢１４１人がいた。

　そこで全員を代表してあいさつしたのが、当時、那覇市長だった翁長氏だ。かつて普天間基地の県内移設の旗振り役だった彼が「沖縄は目覚めました。もう元には戻りません」と語り出した。「戦後、沖縄は日本政府に操《みさお》を尽くしてきました。全国の0・6％の面積に74％の米軍基地を押し付けられたのです。これからはオール沖縄で基地の整備縮小を訴えていきます。沖縄県民は基地で飯を食っているわけではありません。米軍基地は経済発展の阻害要因です」ときっぱりと語った。締めくくった言葉が「沖縄は日本に甘えているのでしょうか。日本が沖縄に甘えているのでしょうか」という問いかけだ。答えは明らかである。

これが翁長氏の転換点を如実に示す場となった。それからの翁長氏は本当に後戻りせず、人生をかけて基地の返還のために尽くし、ついに病に倒れた。その翁長氏の姿勢は、沖縄の発展のために尽くすということで一貫している。もちろん、幼少のころより沖縄戦の悲劇を聞き育った人だから、平和を求める心は強かった。それは基盤にあろうが、この転換の要は、基地があれば沖縄は経済発展すると信じていたものが、基地がない方が発展すると気づいたことにある。フィリピンは、それを先取りする結果を示していた。

フィリピンから追い出された米軍は、その後もしつこく基地化を狙った。南部ミンダナオ島のイスラム・ゲリラを掃討するため手を貸そうと、1999年には比米軍事訪問協定（VFA）を、さらに2001年には相互補給支援協定（MLSA）を結び、特殊作戦部隊をミンダナオ島に配備したり共同軍事演習をしたりすることができるようにした。南沙《なんさ》諸島の領有問題が出てくると、中国の脅威からフィリピンを守ってやると言う。しかし、もはやフィリピン国民に基地を米軍に貸す気持ちはない。

5　よくばり基金

スービック基地跡で活動しているフィリピン人の市民団体に集まってもらった。スービック・メトロ・ネットワークという緩やかな連携組織に加入するＮＰＯのリーダーたちだ。

ネットワークの代表をしているアルマさんは、地元の女性たちの会の代表でもある。会は米軍基地があった１９８７年に発足した。バーで働く女性や売春をしている女性に声をかけ、人権について教えたり生活の指導をしたりしている。夫から暴力を受けた女性を助ける活動もする。

ベルトンさんはアメラシアン協会のリーダーだ。アメリカ人とアジア人の混血、特にここでは米兵を父に、フィリピン人を母に生まれた子をアメラシアンと言う。フィリピンに5万人いて、うち８０００人がオロンガポ市に住んでいた。ベルトンさんもその一人で、父親の米兵の顔を知らない。

エフレンさんは先住民アエタ族の共同体の評議員をしている。アエタ族は黒褐色《こっかっしょく》の肌をした山岳民族だ。米軍基地時代は基地のゴミ捨て場で働いていた。ゴミが有害だと知らされずに働いたため、呼吸器系の病気になった人が多い。水銀やＰＣＢ、鉛、アスベストの中毒もひどく、これに対して米国政府はまったく医療のケアをしていない。被害があることさえ、米国のＮＧＯが調査して初めてわかったくらいだ。

ベンジャミンさんは労働組合の活動家だ。韓国から進出した造船会社、韓進《ハンジン》重工業の労働者だったが解雇され、不当だと裁判に訴えている。韓進は安全を無視した作業を進め、２００７年に進出してから５０００件もの事故が起き３２人が亡くなったという。「危険な部門で働いていたのに、最低賃金しかもらえなかった。８時間働いて３３０ペソ。１日の食費で消える額だ。会社は大儲けしているというのに」。

「よくばり基金」という変わった名を持つＮＰＯもある。案内してくれたドリーさんはそのメンバーだった。スービック海軍基地の隣のオロンガポ市の貧しい地区の子どもたちの教育や食事の面倒を見ている。ただカネや食糧を配るのではない。子どもがゴミの山から再生可能なものを拾ってくると、食べ物と交換するのだ。教育を受けていない親への教育や、女性が生計を立てて行くために美容師やネイリストの職業訓練もしている。何事にも貪欲に、という意味で「よくばり基金」と名づけたという。

いろいろ不満を抱え生活は大変だが、みんなよく笑う。話の中に冗談やユーモアを交える。

自己紹介が一巡すると、アエタ族のエフレンさんが民族楽器を取り出して演奏を始めた。左手に持った笛を吹き、右手で太鼓をたたき、右足の指では金属の円盤のようなものを束ねたものを上下させる。実に器用だ。にぎやかなメロディーに乗って、そこにいたみんなが歌いながら踊り出した。楽天的でめげない人々である。

6　クラーク基地跡

スービック海軍基地跡の次に、クラーク空軍基地跡を訪れた。こちらは日本企業がひしめいている。輸出額で最も業績を上げていたのが日本板硝子の子会社ナノックスで、液晶パネルの輸出額が群を抜いていた。2位が韓国のサムスン系の半導体の会社、3位がヨコハマタイヤを製作する横浜ゴムだ。計500社以上が進出し、このうち日本企業はほかにアデランスなど計40社が操業していた。

空軍基地だっただけに立派な滑走路を備えている。製品を造れば、その場で積み込んで世界のどこにでも運べるという空軍基地の利点を活かしたのだ。もっとも、スービック同様、すべてうまくいくとは限らない。ナノックスはその後、脱税疑惑が取りざたされ、別の企業に買収された。

このクラーク空軍基地は第2次大戦中、日本軍の最初の特攻隊が出発した地である。当時、米軍を追い出した日本軍はここに13の滑走路を新設した。しかし、戦況が悪化するにつれ開戦当初は1600機あった航空機も40機を残すだけとなった。少ない飛行機で最大の戦果を挙げようという発想から生まれたのが神風《かみかぜ》特攻隊だ。最初の「志願者」は24人だった。

1944（昭和19）年10月、マッカーサー大将がレイテ島に上陸した直後に東飛行場から飛び立った。うち1機は米海軍の護衛空母セント・ローの燃料倉庫の近くに激突した。空母は大爆発を起こし沈没した。飛行機1機で空母を撃沈するという大戦果を最初に挙げたため、この非人道的な戦法がその後も続くようになったといわれている。

特攻機が飛び立った場所には今、記念碑が建っている。2002年に地元のフィリピン人が建てた。コンクリートの四角い壁のような形だ。左側にはフィリピン国旗、右側には旧日本海軍の旭日旗《きょくじつき》が描かれ、その間に「第二次世界大戦に於《お》いて日本神風特別攻撃隊が最初に飛立った飛行場」と日本語で書かれている。クラーク基地にいた日本軍の守備隊は3万人を数えたが、生きて帰国できたのは1230人だけだった。

帰り道に海岸を通った。手形を並べた記念碑がある。オーストラリア軍が建てたものだ。戦時中、日本軍は2万2000人以上のオーストラリア兵を捕虜とし、うち民間人700人以上を含む1万7500人を強制労働させた。このうち8000人がひどい待遇がもとで亡くなった。彼らを追悼する記念碑だった。

強制労働といえば日本人はソ連のシベリア抑留を頭に浮かべるが、日本軍もやったのだ。中国や朝鮮半島から連行した人々を日本国内の炭鉱などで働かせただけではない。東南アジアの戦地でも同じようなことをしていた。それが日本ではほとんど知られていない。過去の罪に頰かむりしたまま和解しようと呼びかけても、反感を持たれるだけだ。何があったのかをきちんと知り、謝るべきはきちんと謝ることが必要だ。

すぐ近くにもう一つ、記念碑がある。アメリカ人の捕虜1500人を乗せた日本軍の輸送船がアメリカ軍の爆撃機によって撃沈されたことを記している。フィリピンは沖縄と似て、戦時中の悲劇が凝縮している。輸送船が沈んだのはバターン半島の沖合だ。

次はそのバターン半島に行くことになった。

第2節　原発を廃炉にした

1　バターン原発

首都マニラから西へ車で4時間行くとバターン半島だ。戦時中に日本軍が捕虜の米兵とフィリピン兵を虐待したことで悪名高い「バターン死の行進」の舞台である。道路沿いには1キロおきに、白い四角錐の形で高さ1・5メートルの道標が立つ。まるで墓標のようだ。表面には地面にうずくまる捕虜と今にも倒れそうな兵士の絵が黒色で描かれている。その下に「DEATH　MARCH」（死の行進）の文字。死の行進の記念碑である。ここで日本軍の捕虜になった米兵1万人とフィリピン兵7万人が100キロ以上離れた収容所まで炎天下を歩かされ、多くの犠牲を出した。途中で倒れたまま死んでしまう者もいた。

道標に導かれるように進むと、海に面した断崖の上に要塞のような建物がそびえていた。灰

海に面した断崖の上にある使われないまま廃炉となったバターン原発
＝2012年6月、バターン半島で

色のコンクリートがむき出しで、まったく窓がない。外壁は長年の風雨にさらされ、いかにも荒涼としている。周囲は金網で囲まれ、人を寄せ付けまいとする意志を感じる。これがバターン原子力発電所だ。フィリピン最初の原発である。建設されはしたが、一度も使われないまま廃炉となった。

中をのぞいてみよう。このときは観光地のような扱いになっていた。入場料１５０ペソ（３００円）を払えば、だれでも入れる。あらかじめ連絡して、原発の建設中だった１９７９年から関わっていた技師のレイさんに内部を案内してもらった。

中に入った最初の部屋は、倉庫のよう

にがらんとしている。高さ3メートルの丸いタンクがある。海水を真水に変える装置だ。あたりの床は水浸しである。見上げると天井から水が漏れている。狭い鉄の階段を上り下りした。厚さ1メートルのコンクリートの壁が2重になり、壁には厚さ50センチの分厚い鉄の扉がついている。

扉の下を見ると、黒い強化ゴムの密封装置がはずれている。劣化したのではない。「地震のためにとれたのです」とレイさんは言う。福島の原発も津波の被害だけでなく、地震による損傷があったのではないか。原発も構造物だ。巨大な地震でたとえ本体は大丈夫だとしても、周辺部分は壊れるのだ。

鉄の扉を二つ通って中に入るとほとんど密閉状態で、だんだん息苦しくなる。そこには湾曲した大きな鉄の釜のようなものがあった。原子炉だ。わきの階段を上ると、燃料棒を入れるプールがあった。もちろん燃料棒は取り去られている。レイさんは、プールから棒を抜き取って原子炉に入れるクレーンの操作を実地に見せてくれた。燃料棒の出し入れを人間が現場で、手動で操作する？　驚くほど危険なことをレイさんは手慣れた様子で平然と操作してみせる。

レイさん自身は、この原発を稼働させたいと思っている。まあ、自分が人生をかけてきた、いわば子どものようなものだから、陽の目を見させたいと思う気持ちはわかる。だが、稼働していればどこかで大きな事故になっていただろう。使わなくて良かったね、と言いたくなった。

2　一度も使わず廃炉に

この原発はなぜ使わないまま廃炉になったのだろうか。

この国には独裁者がいた。マルコスという大統領だ。大金持ちで宮殿のような家に住み、妻のイメルダ夫人は３０００足の靴を持っていたと騒がれた。マルコスが独裁政権をふるっていた時代の１９７６年、将来の電力不足を見越してフィリピンで初めての原子力発電所を建てることになった。

建設を請け負ったのは米国のウエスティングハウス社だ。日本でも関西電力と提携し、美浜原発などを建てた原発企業である。場所に決まったのがルソン島のバターン半島だ。建設の開始から９年たった１９８５年末、出力６２０メガワットの能力がある原発が完成した。

ところが、完成したときになって、立地が地震の起きやすい断層地帯にあることが問題になった。実際、密封装置が地震で壊れたのを、私自身が確認した。原発の周囲２０キロ以内に火山が複数ある。おまけに建設費は予定額の4倍以上、２３億ドルに膨れた。マルコス一族の汚職も明らかになった。ウエスティングハウスなど米国の２社から、原発の受注の便宜を図ったことで2000万ドルのワイロを受け取っていたのだ。

マルコス独裁政権を倒したのは市民の怒りだ。1986年2月、腐敗した独裁者に反逆する国防相や将校らが大統領に辞職を迫った。彼らに賛同する市民が数十万人、市の中心部の大通りに繰り出した。4日後、マルコスは米国に亡命した。「ピープル・パワー」(民衆の力)が独裁政権を打倒したのだ。その結果、女性のアキノ大統領が率いる政権が生まれた。

その2ヵ月後の4月26日、ソ連のチェルノブイリで原発事故が起きた。その4日後、アキノ政権はバターン原発をまったく稼働させないまま廃炉にすることを決めた。ソ連と同じような事故が起きれば人々が大変な目に遭うことが予想されたからだ。

チェルノブイリの事故に対して、日本も米国も欧州も「遅れたソ連だから事故が起きた。こちらは大丈夫」と豪語した。ところがその後、米国のスリーマイルそして日本の福島でも事故が起きた。

フィリピンと日本の違いは何だろうか。日本政府は大企業ばかりを向き、最初から「原発ありき」の姿勢を続け、市民を無視してきた。これに対しフィリピンは市民が創りだした市民の政権だ。経済発展のために大企業本位に考えるか、事故が起きたときの市民の被害を考えるか。だれの立場に立つかの違いだった。フィリピンでは安全性を無視した発展よりも、市民の命を大切に考えた。再生可能な自然エネルギーを採用しようという市民運動も起きた。市民の立場に立ったフィリピンの政権が廃炉を決断したのは自然の成り行きだった。

3　世界2位の地熱発電

では、つくってしまった原発をやめて、フィリピンはエネルギーをどうしているのだろうか?

原発から自然エネルギーに転換したのだ。それも太陽光や風力といったおなじみのものでなく、主に地熱発電でまかなっている。実はこの国は米国に次ぐ世界第2位の地熱発電大国なのである。そう聞いて、同じルソン島にあるマクバン地熱発電所を見に行った。1979年から操業を始めた古い地熱発電所である。

首都マニラから車で南に3時間ほど走った。日本の戦犯が収容された刑務所があったモンテンルパを通り過ぎ、山中の曲がりくねった道をたどった森の奥に、忽然《こつぜん》と町が現れた。家や学校が並ぶ道路際に、道に平行して巨大なパイプがいくつも延びる。その先にあったのがマクバン地熱発電所だ。

敷地は1062ヘクタールというから、東京ディズニーランドが20も入る広さだ。経営するのはフィリピンの民間企業アボイティス社である。入り口で許可証とヘルメットを受け取

循環型の自然エネルギーシステムであるマクバン地熱発電所
＝2012年6月、マクバン（ルソン島）で

り、門をくぐった。

すぐ左側に、四角いビルのような建物がある。屋上部分から水が滝のように流れ落ちている。気水冷却器という設備だ。「日本の三菱製です」と女性技師ジョセフィン・ピュキュタンさんが話す。案内してくれたのは長い黒髪をなびかせた、このキャリア・ウーマンだった。

発電所の心臓部に当たる制御室に入った。ガラス窓の向こうは倉庫のような広い部屋で、1基22トンもある巨大なタービンが2基、置いてある。タービンとはつまり羽根車だ。1秒に60回転して電気を作る。1基で6万3000キロワットを発電する能力がある。2基だから12万6000キロワットだ。タービンには赤いスリーダイヤのマークがあった。「これも三菱製です」と言う。この発電所の主要部分は、すべて日本の技術でつくられているのだ。

制御室にいたのはフランシスさんら４人だけ。人間は画面を見張っているだけで、ほとんどはコンピュータがやってくれる。フランシスさんは「マクバンだけで五つの発電所があり、計１０基のタービンがあります。総出力は４５万８０００キロワット。いま稼働しているのは８基です」と話す。

次に見たのが地下から蒸気を含んだ熱水を取り出す井戸だ。蒸気井《じょうきせい》または生産井《せいさんせい》という。井戸は米国の石油メジャー、シェブロン社のものだった。塀の外からのぞいていたら、門番が中に入れてくれた。このあたりのいい加減さがフィリピンのいいところだ。日本なら規則にのっとって「ダメ」の一点張りだろう。

ピラミッド型に組み合わせた高さ３メートルほどの鉄骨の中央から、地中にパイプが延びる。こうした井戸があちこちにある。井戸の深さは７００メートルから、深いもので３キロにもなるという。マグマの熱で温められた地下水が岩盤の間にたまった地熱貯留層に溜まっている蒸気と熱水を汲み上げるのだ。

井戸はパイプで、タンクのような円筒状の気水分離器につながっている。ここで蒸気と熱水とを分ける。蒸「気」と熱「水」に分けるから気水分離器という名前なのだ。

熱水は地中に戻し、蒸気はタービンに送る。蒸気の力で発電し、そのあとの蒸気は復水器で温水にして戸外の冷却器に送られる。あの、門をくぐって最初に見た、屋上から滝のように水が流れていた建物だ。典型的な循環システムである。

4　ほとんど日本製

見学のあと、案内してくれたジョセフィンさんに説明を聞いた。ここで23年も働いている機械技師で課長職だけあって、話す内容に無駄がない。部下で40歳の男性電気技師イエゴ・エスコペソさんが付き添っているが、もっぱら彼女がまくしたてる。

蒸気井は現在、69基ある。ほかに汲み上げた熱水を地中に戻す還元井《かんげんせい》や、せっかく掘ったが貯留層に行き当たらなかった井戸なども含めると、井戸の数は計120もある。

一つの井戸を掘るのに600万ドル、日本円にして約6億円かかる。石油と同じで、せっかくボーリングしても貯留層に行き当たらなかったら無駄に終わる。だから自前ではやらずに、ボーリング技術にたけたシェブロン社に任せているのだ。

最初の井戸が掘られたのが1974年で、79年から実用に使っている。設備の多くは40年近く前のもので、総延長が113キロもあるパイプはいかにも古そうだ。ところどころ被覆の塗料がはげている。

だが、年代ものにもかかわらず、設備はしっかりしている。「なにせ日本製だから」とジョセフィンさんは言う。発電機だけでなく工場のほとんどが三菱製だった。どこを見渡しても、赤いスリーダイヤのマークが目に入る。

マクバン発電所でこれまで作り出した電力を石油に換算したら、164万バレルになるという。フィリピンではマクバンのほかにもレイテなど計7ヵ所に地熱発電所がある。挙げられた2009年の数字では、国内のすべての電力の17%を地熱発電でまかなっていた。水力発電は16%だから、自然エネルギーの主力が地熱なのだ。ほかは天然ガスが32%、石炭火力が26%、石油火力が9%である。

「フィリピンには200の活火山があり、地熱利用の好条件があります。2007年の発電能力は200万キロワットだったけど、2013年には300万キロワットの発電が可能です」とジェセフィンさんは将来の伸びに自信を持っている。300万キロワットといえば原発3基分にあたる能力だ。さらに2030年までに1523万6000キロワットに拡大する計画を持っている。原発15基分の巨大な能力だ。

発電所の利益は地元の住民に還元している。図書館に本やコンピュータを寄付するなど教育面で支援することが多い。電気代も地元には格安で提供しているという。

福島の原発について聞くと、二人は口々に言った。

「我が国では歴史的に多くの人々が原発に反対してきました。せっかく造ったバターン原発を稼働させようとする動きはその後もありますが、フクシマの事故でますます原発をつくらせない世論が高まりました。停電がいいか放射能がいいかと言われたら、私たちは迷わずに停電をとります」

5　日本なら地熱発電で原発20基分

私が地熱発電所を最初に見たのはヨーロッパだった。北欧の島国アイスランドである。サッカー場より大きな、広さ5000平方メートルという世界最大の露天風呂があった。露天風呂といえば日本の専売特許だと思っていただけに、その規模の大きさに驚いた。よくこんな巨大な物を造ったものだと思って聞くと、「造ったのではありません。できたのです」と言う。「できたって、どういうことですか?」と問うと、「あれをごらんなさい」と指差す先に白い蒸気をもうもうと吐き出す施設がある。それが、1976年に建設されたスヴァルスエインギ地熱発電所だった。

地熱発電は、地下のマグマで温められた蒸気を井戸で取り出し、蒸気の力でタービンの羽根を回して発電する。発電で使ったあとの蒸気が冷えて温水となり岩場に溜まった。これを露天風呂の温泉として活用しているのだ。人間が浸かるのにちょうどいい40〜50度になるよう温度を調節している。湯けむりの上がる中、名前のとおり青い色をした広大な露天風呂に市民200人以上が水着を着て入浴を楽しんでいる。

地熱発電は、優れものだ。同じ自然エネルギーでも風力は風のあるなしに左右され、太陽光は昼間しか発電できない。でも、地熱は1日24時間、1年365日、勝手に発電してくれる。燃料代は無料で、地球がある限り発電できる。

さらに言えば、地熱と原発は発電の原理が同じだ。原発は核分裂の熱で水を蒸気にしてタービンを回す。蒸気でタービンを回す点で地熱発電と共通している。

では、何が違うのか？　原発はその過程で放射性物質という危ないものを出す。かたや地熱発電は温泉をもたらす。放射性物質と温泉と、どちらがいいだろうか？　答えは明らかだ。アイスランドは地熱と水力で電力のほぼすべてをまかなっていた。原発どころか火力発電所さえなかった。

そこまで聞いて、私は思った。地熱発電所を造って温泉が湧くのなら、温泉があちこちで湧く日本では、地熱発電がいくらでもできそうではないか。

帰国して調べると、日本でも地熱発電をやっていたが、総エネルギー量のわずか0・3％でしかなかった。ところが、調べているうちに驚くべき数字に行き当たった。政府の経済産業省系の研究機関である産業技術総合研究所がホームページでこんな発表をしている。「いま日本で地熱発電をきちんと開発したら２０００万キロワット、つまり原発２０基分の電力がまかなえる」と。政府筋の研究機関が、地熱発電の威力にお墨付きを与えているのだ。

6　国民を欺く日本政府

では、なぜ開発しないのだろうか。もしかして日本に地熱発電の条件がないのかと思って調べた。すると、世界で３ヵ所、地熱発電が最もやりやすい場所があることがわかった。米国西海岸、インドネシアそして日本だ。日本は世界で最も地熱発電がやりやすい場所の一つなのである。

しかも、日本は地熱発電の技術を持っている。アイスランドの地熱発電のタービンは三菱を中心とした日本製だった。さらに調べたら、ニュージーランドにある世界最大の地熱発電のタービンは富士電機システムズ製だった。実は、日本の地熱発電の技術は世界で断然トップなのだ。世界の地熱発電の総量の半分以上が三菱や東芝など日本のタービンから産み出されている。

このように条件も技術もあるのに、日本で地熱発電は活用されていない。政府も電力会社も「日本は原発に頼るしかない。ほかにエネルギーがない」と言い張っている。

原発20基分もの電力が地熱発電だけで賄える。それを政府の機関が発表している。なのに、地熱発電をきちんと開発しない。大分県の九州電力八丁原《はっちょうばる》発電所を見学に行ったとき、ガイドは「まあ、ここでやってますが、地熱発電はあくまで原子力発電の補完物にすぎません」という、いかにもやる気のなさそうな説明でしかなかった。

これって何だろう？　日本の政府も電力会社も、国民を欺《あざ》むいているのだ。まずは地熱発電を「きちんと」開発して原発20基分の電力を得ようではないか。

そう思って「日本も地熱発電の開発を」と『変革の時代』（シネフロント社）に書いて出版したのは2010年11月だった。その翌年に福島の事故が起きた。

その後、アイスランドの最新式のヘリシェイディ地熱発電所を訪れた。ガラス張りの向こうに巨大なタービンが4基並んでいた。見慣れたマークがついている。赤いスリーダイヤ、日本の三菱重工業社製だ。小型のタービンは東芝製である。

実は、同じことを中南米の平和憲法の国コスタリカで聞いたことがある。1984年にこの国を初めて取材に訪れたさい、エネルギー事情を聞くと「地熱発電と水力発電を活用している」という答えだった。地熱発電という単語を初めて耳にした私はその仕組みを聞き、「自前で技術開発したのですか」と質問した。「発展途上国のわが国にそんな技術はありません。よその国から技術を導入しました」と言う。「どこの国ですか」と重ねて問うと、「日本です」という答えが返った。

フィリピンだけでなく、アイスランドもコスタリカも、日本の技術で地熱発電を活用している。日本は早くから海外に地熱発電の技術を輸出し、フィリピンでは40年前にこの国を世界第2位の地熱発電大国にした実績があるのだ。

海外に輸出するのもいいが、せっかくの技術をまず自分の国に使えばいいではないか。そうしていたら、とっくに日本は世界1の地熱発電大国になっていただろう。原発など造る必要もなかったはずだ。日本でこそ、地熱発電をきちんとやるべきではないか。

7　非核フィリピン連合

大金をかけて建設した原発を使わないという決断は、もちろん簡単ではなかった。フィリピンがそれをやれたのは、大規模な市民運動があったからだ。運動はさらに進んで、憲法に核兵器禁止条項を入れさせた。

フィリピン憲法は第2条で「国策の道具としての戦争を放棄する」と明記する。同時に「国の領土において核兵器からの解放という政策を採用する」と、日本国憲法にもない反核条項を持っている。日本でいう非核三原則が憲法に明記された形である。

その活動を主導してきた著名な活動家の二人に会った。非核フィリピン連合の事務局長をしているコラソン・バルデス・ファブロス弁護士とローランド・シンブラン教授だ。

シンブラン教授はフィリピン大学で３０年間も教えているだけでなく、非核フィリピン連合の全国議長でもある。１９８０年代にはバターン原発の稼働を阻止する運動を成功に導いた活動家だ。

マルコス独裁政権が崩壊した翌年の１９８７年に新憲法が制定されたさい、「核兵器を禁止する」という非核条項を憲法に入れるよう呼びかけて実現させた。

「クラーク基地もスービック基地も、アメリカ人だけのものでした。今はフィリピンの人々の幸せのために使われるようになりました」「バターン原発については最初は危険性を喚起しようとしましたが、やがて人々が安全に暮らすという住民の権利擁護に進みました。原発は一つでも造られると次々に建造されます。そこに危機感を感じました」と、二人は口々に話す。

米軍基地の返還についても語った。

「米軍基地跡をフィリピン軍が使おうという案も出ました。でも、仕事をなくした基地労働者や基地に依存して生活していた人たちを優先するため、民間施設に転換した方がいいと私たちは考えたのです。どのような施設にするかを話すとき、私たちは政府関係者を排除しました。政府関係者はとかく、真実を覆い隠して、権力者の利益のために結論をつくり、それを正当化しようとするものです」

「バターン原発を建設する口実として、原発をつくらないと電力不足になって石器時代に戻ってしまうと言われました。しかし、今のフィリピンは電力に不足していません。足りなくなったら、危険な原発ではなく安全な再生可能エネルギーに替えればいい、と市民が運動を起こしたのです」

エネルギーについて市民がもっと知ろうというキャンペーンが始まった。政府の不当なやり方に抗議するデモやハンガー・ストライキも起きた。そのような闘いを振り返ったうえで、「アメリカと闘うためには1国では難しい。国際連帯が必要です」と二人は語る。日本の市民団体に連帯を呼び掛けているのだ。

8　たくましい市民

旅の最後に首都マニラ近辺でユニークな活動をしているＮＰＯを訪ねた。

飲み終わったジュースのアルミパックを集めて洗浄し、カラフルなバッグに再生して成功し

ユニークな女性団体・KIRUS（キルス）の工場＝2012年6月、マニラで

た女性団体である。「女性一人一人が社会の発展のために頑張ろう」というタガログ語の言葉の頭文字から名づけたＫＩＲＵＳ（キルス）だ。

川沿いにある工場の棚には黄色や赤、緑など、日本では見られない派手な色合いの光沢あるバッグが並んでいる。なにせ元の材料がアルミパックだ。飲んだあと捨てられていたパックをきれいに洗ってカットし、ミシンで縫い合わせる。デザインが優れていて、できあがってみると、元がジュースのパックだったとは思えない上質のバッグに仕上がる。このため日本を含め海外のデパートでも売られるようになった。

最初は１６人で始めた。今では２００人以上のメンバーがいる。工場にミシンを置いているが、縫うのは家庭でもできるため、自宅で仕事をする女性も多い。家事のかたわらでやれる。

メンバーの一人、クララさんはKIRUSで働いて12年になる。夫は運転手で、以前は貧困ライン以下の生活だったのに、クララさんに収入が入るようになって子ども二人を大学までやり、自宅まで建てることができた。1日30個の製品を作り、最低賃金の2倍の収入を稼いでいると言う。

よほどうれしいのか、私たちを自宅に連れて行って見せてくれた。着いてみると、なんと4階建てだった。もっとも間口は狭く、1階あたり2部屋しかない。それを4階にした家である。広い土地は買えなかったので、可能なかぎり天に伸びようとしたのだ。2階が居間と食堂、3階が子ども部屋、そして4階がクララさんの仕事部屋と夫婦の寝室だ。宝物のようにしている大型のミシンを指さして「新品を買ったのよ。1万4000ペソもした」と笑う。

大火災で家を失った被災者のために家を建てようとするNPOもあった。カリンガだ。2004年に海に面した貧しい地区で、夫婦げんかが元で火災が起き2500世帯が家をなくした。彼らのために住宅を建設するのを目的に立ち上げられた。企業などスポンサーが建築材料を寄付し、ボランティアが家を建てる。2000時間のボランティア活動をすれば自分の家がもらえるという仕組みだ。家に入りたい被災者だけでなく、学生1500人がボランティアに加わっている。すでに970世帯が入居した。スローガンは「Rising from the Ashes（灰の中から立ち上がろう）」だ。

※

フィリピンを歩いて思うことがある。この国は、国としてはひどいが、国民の一人一人が個性を発揮している、活き活きと生きている社会だと実感する。

あまりに個性が強すぎて妥協を嫌い衝突、暴動がしょっちゅう起きるのがフィリピン社会だ。政治家も財界もワイロや汚職が当たり前のように横行する。前近代的な習慣は今も色濃く残る。2016年に就任したドゥテルテ大統領は過激な言動で「フィリピンのトランプ」と呼ばれるほどだ。何が起きるかわからないと言われるフィリピンでは、なおさらの火種をもたらしている。彼はバターン原発を稼動させようとも考えている。

これまでも、いったん廃炉にした原発をよみがえらせようという動きは何度も出て来たし、これからも出て来るだろう。経済援助とからめて、また中国と対抗するためとして、いったん引き揚げた米軍基地を再び元通りにしたいというアメリカからの執拗な介入の話も絶えない。

しかし、フィリピンが日本社会と違うのは市民の自発的な行動力だ。1986年に独裁政権を倒したピープル・パワーの底力を、この国は持っている。いざとなれば一般の市民が身を投げ出して立ち上がるだろう。

第3節　過去に学び、良い未来を

1　幸せなら手をたたこう

基地、原発と並んで日本の大きな問題が戦後処理だ。第2次大戦が終わって70年以上たつのに、日本はアメリカに対して敗戦意識がぬぐえない。一方、侵略したアジアの国々に対しては和解ができていない。ドイツが周囲の国と和解し欧州連合の中心となったのと比べ、日本はいまだにアジアの国々から批判される。どうしたら心からの和解を生むことができるのだろうか。

それを具体的に示すヒントにフィリピンで出会った。

きっかけはピースボートの船に乗っていたさいに、いっしょに乗っていた乗客から「幸せなら手をたたこう」の歌が生まれたいきさつを聞いたことだ。だれもが知っているこの歌を作ったのが、その乗客だ。早稲田大名誉教授で恵泉《けいせん》女学園大学の学長を務めた木村利人《りひと》さん。学者に似合わず気さくな彼の話に耳を傾けた。

早稲田大学の大学院生で25歳だった1959年、木村さんはYMCAの農村復興国際ワークキャンプに日本代表として参加した。フィリピンの首都マニラから北西へ車で5時間かかるダグパン市のルカオ小学校が、ボランティア活動の現場だ。ヤシの葉で屋根を葺《ふ》いただけのこの学校に1ヵ月泊まり、簡易トイレなどをつくる労働奉仕をした。

そこで出会ったフィリピン人のラルフという若者から思いがけない言葉を吐きかけられた。「お前が来たら殺そうと思っていた」と言う。わけがわからないので理由を聞いた。若者は母親を日本軍に殺されたのだった。

当時、フィリピンを占領した日本軍に対して、フィリピン人は抗日ゲリラを組織して戦った。だれがゲリラかわからないため、日本軍はゲリラと見なした民間人を片端から殺した。それだけではない。日本兵の食糧が乏しくなると村人の食糧を奪い、反抗する村人はスパイという名目で殺した。木村さんが訪れた村の教会には、「日本兵は村人をこの教会に閉じ込めて皆殺しにした」と書いた碑があった。この若者の親も、そうした被害者の一人だったのだ。

戦時中に日本軍がフィリピンで何をしたのか、日本国内ではまったく報道されなかった。現地に来て初めて事実を知った木村さんは、心が痛んだ。この若者だけでなく村人たちの木村さんを見る目が冷たい理由もわかった。いたたまれずに、荷物をまとめてすぐに日本に帰りたいとさえ思った。

一方で、日本人を敵視するのでなく許そう、という若者たちもいた。そもそも受入れ団体が、お互いに許しあって仲良くしようというNGOだった。

クリスチャンの木村さんが頼ったのが聖書だ。夜、一人になって聖書をむさぼるように読んだ。木村さんは黙々とトイレの穴掘り、校庭の整地などボランティア活動をするかたわら、キリスト者として祈った。懸命に働く木村さんの姿を見ているうちに、フィリピン人の目も態度も変わってきた。

心重い生活の中、あのラルフ青年が木村さんを訪ねてきた。「これまで日本人が許せなかった。だが、君がフィリピン人を殺したわけじゃない。君と汗を流して働くうちに心が変わった。過去を許そう。新しい世代として、君は日本で平和のためにがんばれ。僕はフィリピンでがんばる。戦争を再び起こさないよう、僕らが誓い合おう」と言って、木村さんの手を取った。木村さんは感激した。

そのころ木村さんの目に留まった旧約聖書の一節がある。詩篇47章にある「すべての民よ、手をたたこう。喜びの声をあげ神をたたえよう」という言葉だ。これを読んだ木村さんは思い当たった。ラルフ青年の気持ちが変わったのは、自分がただ心の中で詫びるのでなく懸命に働くという態度に出したからだ、と。

ボランティアの仕事を終えて帰国する船の船上で、ルカオ小学校の子どもたちがよく歌っていた歌を想いうかべた。スペイン民謡として伝わる歌に現地のパンガシナン語で「みんなで楽しく遊ぼう」という歌詞をつけ、手や足をたたきながら呼びかける歌だった。

木村さんはそのメロディーにオリジナルの詞をつけた。青年が木村さんへの感情を「態度に示した」こと、聖書で見つけた「手をたたこう」に、「指ならそう」なども加えて10番までできた。帰国後、YMCAの集会で披露すると、学生らの間で広まっていった。

5年後の1964年には一般にも波及した。歌手の坂本九は東京・皇居前広場で昼寝をしていてOLが歌うのを耳にした。覚えて帰ったメロディーをいずみたくが楽譜にして出したのが「幸せなら手をたたこう」だ。坂本九が歌って大ヒットした。その年の東京五輪でソ連の体操チームの入場行進曲に使われると、世界に広まった。

2 校庭に響く歌声

木村さんの話を聞いて、その現場に行ってみよう、と私は思った。半世紀以上がたっているので、当時の小学校はもうないだろうが、木村さんといっしょに働いた人が見つかるかもしれない。計画を告げると木村さんは「いっしょに行きたい」と言う。

調べると、ルカオ小学校は今もあることがわかった。あらかじめ小学校に事情を伝えたあと、木村さん夫妻を伴ってフィリピンに飛んだのは2013年1月だ。首都マニラから車で北へ。気温は25度、道沿いの水田では田植えの最中だった。サトウキビ畑も広がる中、5時間かけて着いた小学校では、驚く光景が待っていた。

校庭に特設の舞台がつくられ、背景の幕には「YOHKOSO KIMURA GOFUSAI（ようこそ、木村ご夫妻）」と書かれていた。思いがけない光景に木村さんと私は目を見合わせた。やがて500人を超す児童が舞台の前に集まった。校長の歓迎のあいさつのあと、79歳になった木村さんが舞台に立って英語で話した。

「ここを離れて54年。いつか帰りたいとの思いが今日、実現しました。今日は私の人生で最良の日です。『幸せなら手をたたこう』の歌は、戦争の苦しみから生まれました。私たちは

54年ぶりに現地に立って子どもたちとともに「幸せなら手をたたこう」を歌う木村利人さん＝2013年1月、ダグパン市のルカオ小学校で

武器で戦うのでなく平和をつくるため、未来に向けていっしょに働こうではありませんか」

全員が立ち上がった。児童は地元の言葉、木村さんは日本語。2カ国語で歌う「幸せなら手をたたこう」が響き合った。声を張り上げる木村さんの目には、涙が光っていた。

舞台で木村さんを歓迎する言葉を述べたのは、この小学校の卒業生で木村さんと同い年のユーヘニオ・アガシさんだ。「木村さんは隣人を愛することを身をもって示してくれた。彼の行いを学び、我々の模範にしよう」。

戦争はアガシさんが7歳のときに始まった。日本軍は真珠湾攻撃の数時間後にフィリピンを爆撃、瞬《またた》く間に占領した。当時のことを尋ねると、アガシさんは歌いだした。

「ミヨ　トウカイノ　ヨハ　アケテ……」。小学校時代に授業で習った歌を今も最後まで覚えているのだ。

「生まれた娘にオノダと名付けた」とアガシさん。戦後もフィリピンのルバング島の密林にこもって29年も孤独な戦いを続けた小野田寛郎《ひろお》少尉からとったのだ。「インテリで忍耐強いミスター・オノダを尊敬しているから」と語る。

ダグパン市の隣のリンガエンの海岸は開戦時に日本軍が上陸した地であり、勢いを盛り返した米軍が再上陸した地でもある。私が木村さんといっしょに訪れた1月9日は米軍が再上陸した日で、当時の軍人たちが戦死者の慰霊碑に花輪を捧げていた。

ここから車で30分ほどの山奥で、23歳の日本人女性が働いていた。木村実咲《みさ》さん。国際基督教大学を2012年に卒業し、その直後からここに住んでいた。身よりのない子らが暮らす家を建て、石垣を組む力仕事をし、子どもたちに英語も教えている。

「ストリート・チルドレンの力になりたかったんです。夢は世界を平和にすること。紛争を解決するには、お互いが理解できる言葉を使えることが必要です。だから英語の教師になりたい」と彼女は言う。まずは現場を知ることだと考え、ここに来たのだ。

木村さんもここに来て初めて、戦時中に日本軍が村人に残虐な行為をしたと聞かされた。涙が止まらなかった。「日本の授業では、日本は原爆の被害者と教えられました。戦地での事実を知らなかった自分も、事実を教えない教育も信じられない。目の前の人と個人単位で友好関係を築くことが大切だと思う」。木村利人さんが半世紀前に出会い、考えたのと同じことを孫の世代が体験している。

3　平和の架け橋

その1ヵ月後、日本人6人がフィリピンを訪れた。愛知県岡崎市の神《じん》直子さんが主宰するNPO「ブリッジ・フォー・ピース（平和の架け橋）」の、10回目となるスタディー・ツアーだ。

神さんは学生時代、フィリピンに体験学習に来たことがある。その時、「日本人なんて見たくもない」と泣く老女を見て、戦争はまだ終わってないと思った。その一方で、日本で会った僧侶から「戦争のさい不本意に民間人を殺したことを悔いながら亡くなった元日本兵がいた」と聞いた。被害者だけでなく、加害者も苦しんでいる。元日本兵の苦渋の思いを相手側に伝えようと考えた。

2005年3月から同じ悔恨の気持ちを持つ元日本兵を探して、7ヵ月で14人を見つけ出した。1人当たり2〜6時間、映像で証言をとった。それを30分にまとめ、その年の10月にフィリピン国内の市役所や大学で上映会を開いた。私が神さんに会った時点で、それまで10回ほどの現地訪問で、この映像を見たフィリピン人は912人、日本人も1万1369人にのぼっていた。

映像を見たフィリピンの老人は「日本は経済大国になって過去を忘れたと思っていたが、こんな思いを抱く日本兵がいたと知って驚いた。発言してくれた日本兵に感謝する」と話したという。日本の若い世代が歴史に関心を持ち、自費でフィリピンに来てくれたことも喜ばれた。

神さんは言う。「型どおりの謝罪でなく、相手の立場に立って過ちを繰り返さないことが、私たち『戦争を知らない世代』に求められています。過去から学んで、良い未来をつくりたい」

ダグパン市から車で2〜3時間ほど国道や山道を北に行くと、「夏の首都」と呼ばれる避暑地のバギオ市だ。太平洋戦争でフィリピンを占領した日本軍は、最後にここで降伏文書に署名した。サインする山下奉文《ともゆき》将軍の像が立っている。

このバギオ市で2012年12月、3回目となる「アジア太平洋国際平和慰霊祭とフォーラム」が開かれた。現地に住む映画監督今泉光司《こうじ》さんらが主宰し、韓国や台湾からも参加して263人が、戦時中の体験や何をすべきかを語り合った。「日本に誇りを持つためにも、私たちは過去を検証し、教訓を学ぶことが必要だ」と今泉さんは語る。

ダグパン市からマニラに戻る途中の中間にタルラック州のカパス町がある。そこには、太平洋戦争中に日本軍が捕虜とした米兵やフィリピン兵を収容した収容所の跡地に「カパス国立霊《れい》廟《びょう》」が建っている。捕虜を炎天下歩かせて多くの死者を出したとして問題になった「バターン死の行進」の終着地だ。高さ76メートルのオベリスクを取り巻く円形の壁には、収容された捕虜たち数万人の名が刻まれている。バターン半島からここに至る道沿いの大半には1キロごとに里程標が立っていたが、すべての里程標を合わせたようにそそり立つ巨大なオベリスクを仰ぎ見ると、人間の命の尊厳が心に刻まれるような気がした。

ここに近いパンパンガ州マバラカット町には、町観光局が建設した「神風平和祈念廟」があり、神風特攻隊員の像が立つ。看板には「歴史的事実を通じて平和と友好の尊さを訴える」「不幸な出来事を二度と繰り返さないと誓う場所となる事を祈念する」とあった。

首都マニラに戻ると、市の中心部にはスペイン植民地時代の城塞都市イントラムロスがある。高い石壁に囲まれた石畳の道沿いに、石造りの古い建物が並ぶ。日本の統治時代に牢獄として使われた建物が今も保存されていた。1945年2月、日本軍の残虐行為により、この牢獄でフィリピン人とアメリカ人計約600人が殺されたという。牢獄の前に白い十字架が建てられ、「日本軍の残虐行為による身元不明の全犠牲者の記憶は、フィリピン国民の心に永遠に生き続けるだろう」と記されている。

　要塞の中にあるサン・アグスティン教会の前には、幼いイエスを抱きかかえるマリア像があった。周囲には戦争で亡くなった人たちを表す像がある。１９９５年2月に建てられたもので、その５０年前の犠牲者を悼むものだ。

　その５０年前——。１９４５年2月といえば、日本が米軍機の空襲を受けていたころだ。東京大空襲は、その1ヵ月後である。私たちは、空襲の被害など二度とあってはならないと心に刻むとともに、かつてアジアで犯した過ちにも真正面から向き合うことが必要ではないか。

壁画に描かれたペラヘラ祭＝2018年1月、キャンディの仏歯寺で

第四章 憎しみでなく愛を スリランカ

第1節　南へ

1　サンフランシスコの訴え

日ごろお茶を飲みご飯を食べることを、ごく当たり前という意味で「日常茶飯事」と言う。食事はともかく、お茶を飲む習慣まで当たり前だと考える国民は世界でそう多くはない。日本では、客にお茶を出さなかったら「無茶」と言われ、苦いお茶を出せば「苦茶」と叱られる。ここからムチャクチャという言葉が生まれた。その場しのぎを「お茶を濁す」、暇な様子を「お茶を挽く」とも言う。ふだん何気なく使う言葉にしきりに茶が現れるのは、お茶が日本人の生活に深く根づいているからだ。

これほどなじみの深いお茶がどのように作られるのだろうかと、ふと気になった。そこで立春から八十八夜に当たる5月初め、京都の宇治の茶畑に行き、京都府茶業会議所の職員に指導してもらって新芽を摘んでみた。

摘み方を「一芯二葉《いっしんにょう》」と言う。新芽とその下の2枚の葉の下の茎を折るのだ。そのさい、爪をかけてはいけない。指の腹を使って折る。「爪をかけると10分で変色するから注意して」と言われた。日本人の繊細さは茶道の所作に結実しただけではない。茶摘みの仕方まで細かい配慮のもとで行われているのだ。日本茶の独特の細やかな味は、そうした心遣い、指使いからにじみ出てくる。

そのさい同じ茶葉が製法によって緑茶にも紅茶にもなると知った。葉を発酵、つまり酸化させれば紅茶になるという。緑茶と紅茶とは別の植物だと思っていただけに驚いた。そう聞けば紅茶の本場にも行ってみたくなるではないか。「スリランカに行きませんか」という誘いを受けたとき、すぐに乗り気になったのはもちろんだ。スリランカの以前の国名はセイロンだったが、今でもセイロン紅茶の名で世界に名高い。

数年前まで新聞に載っていたスリランカのニュースは、ほとんどが内戦だった。民族と宗教の違いから国民が二つに割れ、「タミル・イーラム解放のトラ」というおどろおどろしい名前の武装組織と政府軍が殺戮を繰り返した。内戦は終了して今は平和になっているという。だが、長年にわたって殺し合いをしたあと、民族の和解がすんなりと進むのだろうか。

さらにスリランカを調べて驚いたのが、終戦後の日本との関係だ。戦後の日本が国際社会に再びデビューするきっかけとなったのが、1951年のサンフランシスコ講和会議だ。ほとんどの国が日本に対して敵意を持ち、莫大な戦時賠償を負わせて日本を二度と立ち上がれなくしようと考えた。これに対して当時のスリランカの代表は「憎しみは憎しみでなく、愛によって消え去る」と演説し、自ら戦時賠償権を放棄し他の国にも同じようにするように訴えたという。

日本の戦後の順調な発展をもたらしたのは日本人の勤勉さだけではない。スリランカの発言が日本の復興に大きな役割を果たしたのだ。憎しみの連鎖がやむどころか増幅し、日本をとりまく世界が再び戦争の危機に陥ろうとするいま、実に今日的な味わい深い言葉ではないか。この一点だけでもスリランカを訪れる価値がありそうだ。

2　紅茶とカレーが日常茶飯事

スリランカはかつて英国の植民地だったが、第2次大戦後に自力で独立を果たした。最初は社会主義を掲げ、まもなく民主社会主義共和国となった。それに先立つ1944年の時点でも、幼稚園から大学まですべて教育は無料にしていた。このためアジアにつきものの児童労働がなく、子どもの物乞いもいない。加えて医療も無料だという。

驚くではないか。経済大国の日本でさえなしとげていないことを、小さな開発途上国のスリランカが、それも半世紀以上も前から実現しているのだ。

宗教では、スリランカは世界の仏教の総本山のような地位にある。発祥の地のインドで仏教はほぼ消滅したが、すぐ隣のスリランカでは今でも人々の生活に仏教が深く根づいているという。その実態を見たいものだ。

スリランカの「日常茶飯事」の茶は紅茶だが、「飯」は三食ともカレーだ。カレーライスは今や日本人の国民食になっているが、本場のカレーは日本のものとはかなり違うと言われる。どう違うのだろうか。明治時代に夏目漱石が渡欧の途中にスリランカでカレーを食べたと書いているが、彼が食べたのと同じカレーを味わってみたいものだ。

そう思うと、この島国に行って見聞きすることがずいぶんありそうだ。ワクワクしながら成田空港に向かった。今回の旅は東京の富士国際旅行社が企画した「ジャーナリスト伊藤千尋さんと行くスリランカ～光り輝く島の文化遺産と現在を訪ねる旅」というタイトルだ。2018年1月から2月にかけて、1週間でスリランカの主な場所を回る。

空港にはすでに同行する25人が待っていた。案内する添乗員はスウェーデンに留学した経験を持つ才媛の遠藤茜《あかね》さんだ。実に心強い。遠藤さん以外は全員60歳以上で、最高齢は85歳である。北は北海道から南は広島県までいて、女性が3分の2を占める。職業も現職や元職の教師、保育士、弁護士、学者など多彩だ。地理の専門家もインド史の研究者もいる。生き字引のような人々といっしょの旅だけに、その場でいろいろ教わることもできそうだ。

日本が厳冬に襲われ東京でさえ最低気温がマイナス1度だった1月末、ほぼ赤道直下で気温34度というスリランカを目指して飛行機は飛び立った。国営スリランカ航空の直行便だ。コロンボまでの飛行時間は10時間。同じアジアなのに北欧に行くのと同じ時間がかかる。

日本とスリランカとの時差は3時間半なので、途中で時計をその分、戻すように機内で言われた。ふつう時差といえば1時間単位だ。なぜ30分なのだろうか。

世界の時間は英国のグリニッジ天文台を基準に、地球のぐるり360度を24時間で割るから15度ごとに1時間の時差になる。日本は東経135度だから135を15で割った9時間が標準時との時差だ。スリランカは島の中心を東経80度の経線が貫く。80を15で割ると、うまく割り切れない。だからこんな中途半端な時差となったのだ。

3　ライオンの子孫の国

出発までにスリランカについて本を16冊読んだ。現地に着いたらさっそく参加者にスリランカの歴史や政治、文化などについて講義をしなければならない。到着まで機内で復習することにした。

スリランカは赤道のすぐ北、北緯6~7度の熱帯にある。インドのすぐそばにある島国だ。元はインドと陸続きだった。今でも人工衛星で宇宙から撮った画像を見ると、島の北西部の小さな島々を伝ってインドとつながっているように見える。インドとの間のポーク海峡は、狭いところで53キロしかない。

島の形は西洋ナシのようだ。ちょっと気取って「インド洋の真珠」とか「涙のしずく」などと呼ばれる。大きさは約6万6000平方キロで、北海道の5分の4ほど。でも、人口は北海道の4倍の約2100万人だ。人口密度は異様なくらい高い。

小さな島だが中央は高地である。島の南西部は湿潤地域で、北や東、東南部は乾燥地域と、地域で気候が違う。季節は雨季と乾季だけだが、地域によって雨の降り方や時期も違う。小さな島なのに自然に富んでいて野生の象もいる。南部のインド洋に面した一帯は世界でも有名な鯨を見るホエール・ウオッチングのポイントだ。象と鯨が両方見られるなんて、世界でも稀ではないか。

この国は「宝石の国」でもある。国の宝石であるブルー・サファイアは、世界でこの島でしかとれないという。あのイギリスのダイアナ妃の結婚指輪のブルー・サファイアもスリランカ産だ。とれる宝石の大半はサファイア系だが、ほかにガーネットやトパーズ、トルマリンなども産出する。宝石の値段は日本の半額だそうだ。

国の名前のスリは仏教のパーリ語で「輝く、聖なる」という意味の飾り言葉だ。現地ではシユリと聞こえる。ランカーは古い言葉で「島」を指す。だからスリランカは「輝く島」となる。素晴らしい島と自慢して名づけたのだ。日本をみやびやかに「麗し大和の国」と呼ぶのと似ている。戦後、民族主義の高まりの中で、植民地時代の国名セイロンからこの名に代わった。

首都の名は世界一長く、日本の中学、高校生を泣かせることで名高い。スリジャヤワルダナプラコッテという。この名は四つに分けられる。スリはスリランカのスリと同じで、「輝く」という意味だ。ジャヤワルダナは「勝利をもたらす」の意味で、プラは「町」を指す。最後のコッテは、かつてこのあたりに栄えた王国の名だ。以前はコロンボが首都だったが、１９８２年に国会議事堂がこの町に新たにつくられ、１９８５年に遷都された。

とはいえ、今も経済の中心は最大都市のコロンボだ。町を流れるコロム（ケラニ）川にちなんでアラブ商人が町をカランブと呼び、のちにこの町を拠点にスリランカを植民地としたポルトガル人がコロンブスにちなんでコロンボと名づけたという。

住民の７５％はシンハラ人だ。シンハラ語を話し、大半が仏教を信じている。紀元前5世紀にインド大陸の北部からやってきたアーリア系の民の子孫である。建国神話が6世紀ごろに編纂された仏教のパーリ語の歴史書『マハーワンサ（大王統史）』に載っている。『スリランカ現代誌』（澁谷利雄著、彩流社）によると、このような物語だ。

昔、インドのベンガルの王女が旅の途中にライオン（シンハ）にさらわれた。洞窟でいっしょに暮らすうちにライオンと王女の間に男女の双子が生まれた。王女と二人の子はライオンのもとを逃げて人間界に戻る。ライオンはいなくなった3人を探しながら村を荒らしまわった。困ったインドの王様はライオンを退治した者に王位を譲ると約束した。ライオンを弓矢で射殺したのが双子の男の子シーハバーブで、つまり実の息子だ。だが、彼はその王位を捨てて別にラーラ国を建設する。その長男のウィジャヤは乱暴者だったので、国を追放されて、700人の家来とともに船で漂着したのがランカー島、つまりいまのスリランカの地だ。夜叉《やしゃ》（古代インド神話に登場する鬼神）の協力を得てここに王国を建設した。

乱暴者が建国の王だったというのは面白い話だ。シーハバーブはパーリ語で「シーハラ（ライオンを捕えた者）」と呼ばれた。サンスクリット語では「シンハラ」と言う。彼らの子孫がシンハラ人で、自分たちはライオンの子孫だと信じているというのもゆかいである。

お姫様と犬の間に8人の子が生まれたという南総里見八犬伝を思わせる伝説だ。

4　ダルマさんが並んだ

一方、人口の10％余りはタミル人だ。昔、南インドからやってきたドラヴィダ系の人々が島の北部と東部に住み着いた。この人々をスリランカ・タミルと呼ぶ。その後、近代になって英国の植民地となったあと、紅茶栽培の労働力として南インドから連れて来られたタミル人がいる。こちらはインド・タミルと呼ばれる。彼らの宗教はインドと同じヒンドゥー教である。

このほかにアラブ商人の子孫でイスラム教徒のムスリムや、バーガーと呼ばれるヨーロッパ人との混血、そもそもの先住民のヴェッダー（森の民）などがいる。シンハラ人が中心とはいえ、無視できない数の少数民族を抱える多民族国家なのだ。

それが国旗に表れている。横長の黄色い囲いの右の3分の2には、赤地の中に剣を持った黄色いライオンが描かれている。シンハラ人を表す。その四隅には仏教のシンボルの菩提樹の葉がある。旗の左側3分の1には縦に緑とオレンジの線が入る。緑はイスラム教徒を、オレンジはヒンドゥー教徒のタミル人を象徴する。シンハラ人がイスラム教徒とヒンドゥー教徒を剣で脅しているようにも見えるが、主要な三つの民族が共存していることを示す旗だ。

あらかじめ学習したことはほかにも多いが、まずは現地に着いてから実情とともに綴っていこう。2度の機内食を経て飛行機が目的地のコロンボに着いたのは夕方の6時半だった。

機外に出るとモワッとした空気に包まれた。真冬で0度に近い日本から熱帯に直接やって来たから実際以上に暑く感じると思ったが、意外に快適だ。外を歩いても汗が出ない。空港の通関はとても簡単だった。壁の表示はシンハラ語、タミル語、英語の3通りで同じことが書いてある。

シンハラ語の文字は丸まった絵文字のようなものだ。一般に「カタツムリ文字」と呼ばれるが、パッと見るとダルマさんが並んでいるような印象を受ける。出発前に『シンハラ語の話し方』という本を手に入れて文字が読めるようになろうとしたが、あまりの複雑さにあきらめた。

空港の外に出ると大型の観光バスが10台くらい並んでいる。観光客がこんなにたくさんいるのだ。バスは真っ白で真新しく、どれも中国製だ。中国の経済進出が急だと聞いていた。それがバスにも表れている。

泊まったホテルは空港に近いニコンボの町にある。コロンボの北約35キロにある港町で、かつてポルトガルやオランダが香料の貿易港として利用した歴史的な町である。その影響は今も残り、住民の大半はキリスト教徒だ。仏教やヒンドゥー教、イスラム教が多いこの国の町としては珍しく、キリスト教の教会が多い。それも大半がカトリックだ。

大航海時代のポルトガル人がアジアにカトリックを普及させて人々の心をつかみ、ついには領土を奪おうともくろんだことの痕跡だ。スリランカではカトリックに改宗した王が「私の死後は領土をポルトガルに寄贈する」と遺言し、植民地化を速めることにもなった。

第2節　世界の仏教の中心地

1　仏教の聖地へ

翌朝は午前6時半に起き、8時にバスで出発した。目指すは北部の町アヌラーダプラだ。今から2500年前、建国神話に出て来るウィジャヤ王がここに王国を建設して以来、1400年にわたって首都だった。その間に仏教が栄え、大伽藍《だいがらん》や仏塔《ぶっとう》が建ち並んだ。ブッダ自身がスリランカの13ヵ所を訪れたが、うち半分以上の7ヵ所がこのアヌラーダプラに来たのだという。まさに仏教の聖地なのだ。日本で言えば京都に当たる。だが、王都が南に移るとさびれた。ここを頂点とした「文化三角地帯」と呼ばれる一帯は遺跡の宝庫で、ユネスコの世界遺産に登録されている。

仏教がスリランカに伝来したのは紀元前3世紀だ。伝えたのは仏教の守護で名高いアショーカ王の子のマヒンダだ。その妹はブッダが悟りを開いたときに背もたれにした菩提樹の分け木をスリランカにもたらした。木は根づいて成長し、今も信仰を集めている。

とはいえアヌラーダプラは島の中北部の山の中である。コロンボから180キロ、バスで4時間半もかかった。バスの運転席のわきにはブッダの像、仏塔の写真、菩提樹のミニチュアが置いてある。これをスリランカ仏教の三点セットという。寺院はもちろん家庭でも職場でも、この三点を飾って祈る。たしかに仏教が生活に根づいている。

舗装した道の両側に水田が広がっている。きれいに区画整理してあるが、日本のように稲がそろってに並んではいない。まるで雑草のように密生している。そもそも田植えのときに苗を植えるのではなく種をばらまくためだ。稲に混じって雑草も多い。日本の水田耕作のようにきめ細かい農業ではなく、きわめて大ざっぱなやり方である。熱帯の気候で三期作ができるため、こんなずさんさでもやっていけるのだ。

ほかにもマンゴーやパイナップルの畑が広がる。香料のシナモンの木の根元には高さ2メートル近い砂の塊がそびえている。アリ塚だ。壊したらおびただしいアリが這い出るだろう。すれ違う車にはスリー・ウィーラーと呼ぶ文字通り三輪の小型車が多い。これがタクシーだ。向こうから真っ赤なトラクターがやってきた。荷台には黄色いココヤシの実が山積みにしてある。

道路際にそって電線を垣根のように張っている場所がある。その向こうは野生の象がいる国立公園だ。象が道路に出てこないように電流を通しているのだ。日本でも畑にイノシシ除けの電気柵があるが、それと同じだ。スリランカには野生の象が5000頭もいるという。途中の道沿いに足をロープでつながれた象がいた。こちらは観光客を乗せて撮影するのに使われている。

立ち寄った休憩所で出会ったのは、鮮やかなオレンジ色の袈裟《けさ》をまとった中年の僧だ。袈裟は1枚の布である。体に巻きつけ、右肩は素肌をむき出しにして左肩に余った布をかける。手には凧糸のような白い木綿の糸を巻きつけた糸巻を持っている。私たちを見ると、近寄ってきてひとりひとりの右の手首に糸を巻きつけた。3〜4重くらいに巻いて結ぶ。魔よけのお守りだという。いわば糸の腕輪だ。悪魔は糸を巻いている人を避けるという。そういえばスリランカの人々は手首にいろんな色の糸を巻いている。

2　ナンちゃん

「これはシンガポールにいったとき、こちらはタイでつけてもらった」と説明してくれたのはスリランカ人のガイド、ナンダナ・パティラナさんだ。おなかが出た中年男である。その腕には赤や黄色など色とりどりの糸が巻いてある。手に糸を巻いてお守りとするのはスリランカに限らず、仏教国ではごく普通の習慣だという。腕に巻いてくれたお礼に僧にお布施を出すのかと聞くと、これをするのが僧の役割なので心配は無用だと言われた。

ナンダナさんは30代半ばの独身男性で、上手な日本語を流れるように話す。日本に留学して山口県徳山市（現・周南市）の総合ビジネス専門学校で日本語を2年間学び、熊本や鹿児島にも行った。朝は午前4時から9時までパン屋で働き、正午から夕方5時まで学校で学び、授業が終わるとそのままマクドナルドの店に出勤して午後6時から10時まで店に立った。土曜と日曜はマックで朝10時から夜8時まで通しで働いた。その生活を3年。店で外国人の店員はナンダナさんだけ。がんばりが認められて最後は店のマネジャーになった。パン屋も外国人は一人だけ。パン屋の仕事がないときは午前2時から4時までイタリア・レストランで働いた。日本語が上手になるはずだ。苦学の努力家である。

店では仲間から「ナンちゃん」と呼ばれ慕われた。パン屋ではチョコレートで猫の顔を描くのがうまくなった。「でも、最初はご飯がのどを通らなかった。天ぷらはおいしかったけれど、刺身やお寿司の生ものを食べることにびっくりした。銭湯に裸で入るのには本当に驚いた。さすがに痩せました」と笑う。スリランカにはない日本の文化を問うと、わだかまりをすべて忘れて水に流すところだという。『しょうがない』という言葉を日本で覚えました。スリランカではいったん仲直りしても、あとで必ずぶりかえします」と話す。

ナンちゃんがスリランカに帰国したのは、病気になったお母さんの看病のためだ。この国では日本以上に親孝行が当たり前とされている。いや、孝行というよりも親を敬う文化が根づいている。立っている両親の足元で子どもが床に頭をつけるようにひれ伏すのが、ごく普通の習慣だ。帰国後のナンちゃんは日本とスリランカを観光で結びつける仕事をしている。旅行会社まで起業した。その名が「ナンちゃんトラベル」と聞いて、吹きだしてしまう。

ナンちゃんはシンハラ語を教えてくれた。ありがとうは「ストゥーティ」。あいさつ言葉は「アーユ・ボーワン」だ。アーユは年齢、ボーワンは増えるという意味だ。つまり「あなたが年を重ね長生きしますように」と長寿を祈る。両手をそろえて胸につけ、指先が口にくっつくくらいの位置で合掌しながら言う。相手の長寿を心から祈る気持ちが姿勢に表れる。

この言葉を口にするとき、ナンちゃんはニコっと笑う。その緩んだ表情を見ると、「アーユー・ボワーン」つまり「あなたはボワーンとしてますか？」と言っているように聞こえておかしい。暑いスリランカではすべてがゆったりとしているから、なおさらそう思える。

3　沙羅双樹の花

岩だらけのお寺が目の前にある。岩を削って建てたイスルムニヤ精舎《しょうじゃ》だ。精舎とは寺院のことである。みんな白いシャツやTシャツ姿だ。お寺参りのさいは白い服を着る決まりがある。雑念をなくし清浄な心になっていることを表すのだ。入り口で靴を脱ぎ、靴下だけになった。お寺の中は神聖な場所なので履物はご法度なのだ。本当は裸足にならなければならないが、靴下をはくのは許してくれる。強烈な日差しに照りつけられた岩が熱い。靴下を通していても熱さがじりじりと伝わる。

お寺の石段の入り口には半円形の石が置いてある。ムーン・ストーン（月の石）という。ここから先は聖地だという印だ。表面に象やライオンなど動物の彫刻が彫ってある。死後に生まれ変わる輪廻《りんね》を表す。中心にはハスの花が描いてある。階段を上がると岩をくりぬいた壁にブッダの座像があった。

像の手前には花が山盛りに飾ってある。いちだんと目立つ花があった。中央が白く、赤色の大ぶりの花びらが取り巻く。ナンちゃんは「これが沙羅双樹《さらそうじゅ》の花です」と言う。釈迦がその木の下で入滅したと言われる聖なる樹木だ。ん、まてよ、沙羅双樹って、たしか白い花ではなかったか……。

あとで調べると、この赤い花はホウガンノキと言って南米原産の木の花だった。だから沙羅双樹であるはずがない。それを承知のうえでスリランカでも他の東南アジアの仏教国でも、これを沙羅双樹の代わりにしているのだ。日本では白いナツツバキを代用品にしている。本物はインドでも稀にしかないからである。本当の沙羅双樹の花は、赤でも白でもなく淡い黄色だった。ナンちゃんは合掌してお祈りを始めた。ブッダン・サラナム・ガッチャーミー（私は仏に帰依します）……仏教のパーリ語だ。

迷路のような石段を上るとジャングルが見渡せた。寺の庭には宝物殿のような建物があり、石の彫刻が並べてある。男女のカップルが並んだ愛人たち、相撲取りのような大柄の女性がダイナミックに踊る彫刻もある。開けっぴろげでおおらかだ。

4　ひたすら祈る僧

向こうには真っ白くてお椀を伏せたような、途方もなく大きな建物が見える。ルワンウェリ・サーヤ大塔だ。お椀の形の中央から大を突き上げるように尖塔《せんとう》がそそり立つ。仏塔に向かってレンガを敷き詰めた参道が数百メートルも続く。

参拝の行列に行き当たった。50人以上いるだろう。男女ともお参り用に白い服で着飾っている。2列になり、間に幅2メートルほどの長い布を両側から支え持って歩く。空いた方の手には花や供え物のお菓子を載せたお皿を持っている。

布はカラフルで、青や赤、黄色などの線が入っている。仏教の旗を長くつなげたものだ。長さは340メートルもある。青はブッダの髪の色を、黄はブッダの身体の色を、赤は血の色を表す。実はこれ「国際仏旗」なのだ。1885年にスリランカのコロンボでデザインされ、1950年の世界仏教連盟の世界仏教徒会議で正式に採択された。世界共通であり、日本のお寺でも法要などのときにこの旗を掲げている。この一事を見てもスリランカが世界の仏教の中心地と位置付けられていることがわかる。

楽隊が登場して行列の先頭に陣取った。チャルメラのような縦笛を吹く人、肩から吊るした大太鼓、小太鼓をたたく人の計3人だ。いずれも頭に白いターバンを巻き、上半身は裸である。巻きスカートのような白いサロンを下半身につけ、赤い腹巻をしている。縦笛はまさにチャルメラのような響きだ。にぎやかな演奏を先頭に、列はゆっくりと進んだ。

行列の人々は近くの村の住人だった。近所のみんなでお参りに来たのだ。だれでも参加して

にぎやかに演奏しながら行進する参拝の行列
＝2018年1月、アヌラーダプラで

いいというので、私たちもいっしょに旗を持って歩いた。やがて行列は寺院の入り口に着いた。門から中に入ると目の前に白く巨大な仏塔がそびえる。

高さは55メートルというから18階建てのビルにあたる。一行は仏塔の周囲に並んだ。僧たちが布を仏塔の周囲に巻いていく。仏塔のそばまで近寄ることができるのは僧など許された人々のみで、一般の住民は下から見上げて拝むのだ。

ここにはブッダゆかりの菩提樹がある。ブッダが悟りを開いたときに背もたれにした菩提樹の分け木を植樹したもので、つまり樹齢2000年以上ということになる。どんな巨樹かと思ったら、見るからにか細かった。細い幹からさらに細い枝がいくつも、曲がりくねって伸びる。そのままなら倒れてしまうので、枝を支える竹の棒があちこちに立っている。老木が杖をついているように見える。周囲の砂地には白い服を着た老女たちが砂の上に足を伸ばした姿勢で合掌している。足を投げ出した姿勢が投げやりのように見えるが、表情は実に真剣だ。

ちなみに『ブッダをたずねて』(立川武蔵著、集英社新書)に、ブッダとは動詞のブドゥ(目覚める)が変化した「目覚めた人」を指す言葉だと書いてある。菩提(ボーデー)も語源は同じで「悟り」のことだ。ブッダが悟りを開いた樹だから菩提樹と名がついたのであって、元はイチジクの仲間である。シューベルトの歌で菩提樹(リンデンバウム)が出て来るが、こちらはシナノキ科で、まったく別の樹だという。

5　上座部仏教とは

炎天下を歩き回ること2時間半。ホテルに着くと、スリランカの仏教についてツアーの同行者に解説した。一口に仏教と言うが、日本とはかなり違う。この国の仏教は、現存する世界の仏教の中でも最もブッダの時代に近い古風なものだ。

ブッダの死後、仏教界は今後の方針をめぐって二つの潮流に割れた。ブッダに近い上座に座っていた保守派の長老たちが主張したのが上座部《じょうざぶ》仏教だ。修行した者だけが救われるという発想である。だから僧はひたすら寺にこもり煩悩《ぼんのう》を捨てて悟りを開くために修行する。一般の人々は僧が修行に集中できるように食べ物や生活費を寄進して手助けする。僧を助けるという功徳を施すことで救われるという考えだ。ともあれ、僧が偉くなると権力者と結びつきやすく、庶民を忘れがちになる。この上座部仏教は、スリランカのほか東南アジアのミャンマー、タイ、カンボジア、ラオスに広まった。

これに対して若手の革新派は、僧は自分を救うだけでなくすべての民を救うべきだと考えた。宗教は権力者におもねるなと戒める。いわば仏教界のプロテスタントだ。大勢の人々を乗せられる大きな乗り物に例えて大乗《だいじょう》仏教という。日本はこの大乗仏教の系統だ。僧だけでなく一般の人々も祈れば救われる。僧と一般の人々の距離が近い。大乗仏教が東アジアに広まったのは、その普遍性のためだと言われる。大乗に対して小乗仏教という言葉があるが、上座部仏教では少数の者しか救われないと大乗仏教の側から皮肉を込めて呼んだもので、上座部仏教が自分たちをそう呼んでいるわけではない。

同じ上座部仏教でも国によって違いがある。ミャンマーの僧は托鉢《たくはつ》をする。僧が大きな鉢を抱えて町に出ると、人々は競うように食べ物を鉢に入れる。しかし、スリランカの僧は托鉢をせず、ひたすら寺にこもって修行する。食べ物は村の人々が寺まで運んでくれる。寺が持っている土地でも農民が食べ物をつくるので、僧は黙ってそれを食べていればいい。スリランカでは歴代の王の援助で仏教が大教団に発展し、寺が広大な土地を持った。平安時代の日本の荘園《しょうえん》のようなものだ。こうしてスリランカの僧は特権階級のような存在になった。

西遊記で名高い玄奘三蔵《げんじょうさんぞう》が7世紀にインドを経てスリランカを訪れ、伽藍が数百ヵ所、僧が二万余と隆盛を極めていることに驚くとともに、質の高さにもふれ、僧たちは「戒行ともに清浄であり、……その威儀風采は手本とすべく誠にりっぱ」と、『大唐西域記《だいとうさいいきき》』（平凡社）に書いている。しかし、18世紀になると正式な僧がいないほど仏教は衰退し、同じ上座部仏教のタイから僧を迎えた。第2次大戦後は僧の政治活動が進み、大乗仏教に似た社会活動をするようになって僧が果敢な政治運動をするように変わっていった。宗教も歴史と社会の移ろいの中で変化するのだ。

世界の仏教の総本山だからといって、何もしないで宗教が生き残れるわけではない。現に仏教を生んだインドでは、仏教が廃《すた》れた。インド人のうち仏教徒は今や0・7％しかいない。

なぜ仏教が本場のインドで滅んだのか。中村元氏は『古代インド』（講談社学術文庫）でいろいろな理由を指摘している。1203年に入ってきたイスラム教徒が偶像崇拝を理由に仏教寺院を壊し、僧を虐殺した。仏教はそれまでインドにあったバラモン教で根づいていたカーストの身分制を否定し、世界の創造主の存在も認めなかった。人間の平等を唱える仏教は支配者にとって厄介な存在だった。本来、階級社会にそぐわないのだ。しかも伝統仏教は自分だけの救いを求め、民衆を救おうとしなかった。伝道もせず習慣となる祭りもないとなれば、いったんは隆盛を誇った宗教といえども社会から消えるのだ。

一方でヒンドゥー教は誕生や葬儀など一般生活での儀礼を大切にした。あの世で救われるのもいいが、それよりもいま生きる上での具体的なご利益が感じられた。つまり人々の生活の中に入って行ったのだ。人々を忘れてもっぱら自分だけが修行する僧は、尊敬されると同時に敬遠された。インドで仏教がヒンドゥー教との生存競争に勝てなかったのも当然と言えるかもしれない。

インドと違ってスリランカでは、仏教が完全に人々に根づいている。憲法に国教だという定めはないが、「仏教に第一の地位を与える」と記している。スリランカ人は実に信心深い。朝起きると自宅の仏像の前で手を合わせて祈り、五戒を守ると誓う。

五戒とは、ウソをつかない、性的に乱れない、盗みをしない、酒を飲まない、殺さない、の五つだ。満月の日はフルムーン・ポヤデーと言って、五戒のほかに三つを加えた八戒を守る。午後は食事しない、歌や踊りを避け、高い床には寝ない、の三つだ。白い衣服に身を包んでお寺にお参りに行く。境内《けいだい》に座って一日ずっと瞑想する人もいる。

満月ということは、これが年に12回、毎月あるということだ。旅行中、ちょうどこの日に行き当たった。ホテルもレストランも観光客にさえアルコールを出さない。学校も官庁も会社も店も休みとなり、人々は白い服を着て最寄りのお寺に行って日没まで祈っていた。まさにこの国では仏教が生活に根づいている。僧侶への尊敬の念も強い。バスの運転手の後ろの席は僧侶用にとってある。鉄道の駅には僧侶専用の待合室があるほどだ。

第3節　自然に包まれて

1　岩壁の美女

世界遺産に登録され「東洋のマチュピチュ」と言われるシーギリヤ・ロックを目指した。樹林の道を車で走ると、ジャングルの中に忽然《こつぜん》として巨大な岩の塊がそびえているのが遠目にもわかる。頂上は平らで、ずんぐりしている。緑の木々の中に場違いな、ゴツゴツした赤褐色《せきかっしょく》の岩山が屹立《きつりつ》し、見るからに異様だ。実はマグマがかたまったもので、高さは195メートルもある。頂上にはかつて王宮があり、王様が住んでいたという。え？　こんな辺鄙《へんぴ》なところに……と驚く。

ナンちゃんが歩きながら遺跡の謂《いわ》れを説明した。5世紀にこの地を支配した王は、父を殺して王位を奪った。弟の復讐を恐れた王は岩山の上に壮大な宮殿をつくって引きこもった。しかし、7年後に弟が攻めてきて、敗れた王は喉《のど》を切って自ら命を絶ったという。

かなり歩いて麓《ふもと》に到達した。見上げるような大きな岩が二つ、がっしりと組み合わさっており、そのすき間につくられた石段を上る。これが入り口だ。石段はどこまでも続く。石段の石は高さがあり、一段ごとにヨイショと身体を持ち上げなければならない。息が切れる。

中腹で一休みしたあと、鉄製の螺旋《らせん》階段を上った。岩の壁に張り付くようにつくられ、足元を見ると断崖絶壁だ。下から風が吹き付ける。高所恐怖症の人はめまいがする場所である。足がすくむ。引き返したくなる。でも、引き返せない。後からどんどん人が上ってくるので押し出され、前に進むしかないのだ。

階段をようやく上り詰めると、切り立った絶壁に女性の像がいくつも描いてある。シーギリヤ・レディと呼ばれるフレスコ画だ。冠をかぶり大きなリング状の耳飾りと腕輪をした半裸の女性がハスの花を手に立つ。後ろには半袖の服を着た女性が果物の入った大皿を掲げて従う。半裸の女性が貴婦人で、後ろが付き人だ。お付きの女性が貴婦人に果物を勧めている絵もある。

　殺してしまった父の霊を慰めるために、王が絵師に描かせたという。いくら王の命令とはいえ、よくもこんな切り立った断崖に優雅な絵が描けたものだ。当時どうやってこんな断崖絶壁にたどりついて描いたのだろうか。描くどころか、絵を見るのさえ大変だ。後ろを振り返ると断崖から落ちてしまいそうで、ゆっくり鑑賞する気になれない。

　女性の像はかつて５００体あったが、今では１８体しかない。風雨にさらされて浸食されたり、侵略された際にはぎとられたりしたのだ。その姿や表情はどこかで見たような気がする。昭和時代に発行されていた１０円の切手に描かれた法隆寺金堂の壁画の仏像によく似ている。法隆寺の壁画の原点はインドのアジャンターの石窟《せっくつ》の壁画だから、スリランカに似たものがあっても不思議はない。

　その向こうは廊下のようになっていた。高さ3メートルの石の壁で外界とさえぎられている。壁面は鏡のように光っている。卵の白身と蜂蜜と石灰を混ぜて塗り、磨き上げたためだ。その名も「鏡の回廊」と呼ばれる。

　通り過ぎると広場に出た。先に上った人々があちこちに座って休んでいる。広場の中ほどに石段があり、両脇の岩はライオンの爪の形に彫ってある。これが頂上に上がる入り口だ。ライオンの口の中に入っていくことになる。シーギリヤというのは「ライオンの喉」という意味

王宮跡が頂上にある。断崖絶壁を上る人々
= 2018年1月、シーギリヤ・ロックで

だ。見上げると、岩壁に沿って空中に鉄板の道がジグザグにつくられ、人々が押しあうようにして上っている。

日本を出発する前から疲労が溜まっていた私は、ここでギブアップし、頂上まで登るのをやめた。そんな私を冷やかしながら同行のメンバーが上って行く。８５歳の青森の女性、中村麻子さんは杖をつきながら上って行った。心配するには及ばない。手を引き、後ろから押してくれるお助けマンを雇ったのだ。その若者がイケメンだというので、中村さんはニコニコしている。

３０分もすると雨が降り出した。頂上に登った人たちが急いで降りてくる。頂上には小高い丘に王宮や住居の跡、王のプールもあったという。それよりも頂上に野良犬がいて子育てまでしており、どうやってここまで上って来たのか、みんな不思議がっていたそうだ。まあ、人間が上ることができる階段があるのだから、犬だってそこを上ったのだろう。好奇心の強い犬だ。

2　象のサファリ

遺跡の探索のあとは自然に浸ろう。牛車に乗ってトボトボと田舎道を進む。牛はセブー種、背中にこぶがあるコブウシだ。2頭の牛の首のすぐ上に横木をわたしてある。前に進むとき横木が背中のコブにひっかかる。横木と荷車を連結しているから、コブで荷車を引く格好だ。荷車の屋根をニッパヤシで覆ってあり、4人乗りの座席を風が吹き抜けて涼しい。ぬかるんだ赤土の道を揺れながら、ゆっくりと歩む。牛飼いのおじいさんがときどき大声を上げ、「早く」「こっちだ」などの指示を飛ばす。

目の前に湖かと思うほど広大な池が広がる。農業の灌漑《かんがい》用に作った人工のため池だ。この国のあちこちに大規模なため池がある。熱帯とはいえ乾季には雨がわずかしか降らない。稲の三期作をしているだけに乾季の水の確保は欠かせない。農業用水を制する者が有力な王として崇められた。王の一人は「一滴の雨粒でさえ人々を潤さないで海に流れることは許さない」と述べ、在位中の33年間に165のダムと3910の運河、2376のため池を造ったという。

このため古くから灌漑の技術が発達し、今日まで受け継いでいるのだ。いま、全土のため池の数は1万5000に及ぶという。

ここで舟に乗った。二つの船体をつなげた双胴船《そうどうせん》だ。小さなボートだが安定している。船頭が一人乗ってオール1本で漕ぐ。ハスの葉やホテイアオイで埋まった水面を音もなく進む。水上を涼しい風が吹き抜ける。はるか向こうの樹林から鳥や猿の鳴き声が聞こえる。あとは風の音だけ。実に静かだ。ほどなく向こう岸の船着き場に着いた。

池のほとりに土の壁、屋根をヤシでふいただけの小屋が建っている。中は土間だ。壁に沿って長椅子がある。部屋の隅の壁の一角に極彩色の絵が4枚、ポスターのように貼ってあった。ブッダ、僧、ヒンドゥー教のヴィシュヌ神と象の頭をしたガネーシャ神を描いたものだ。その前にバナナと水が供えてある。神棚だ。

いったい、この家は仏教なのかヒンドゥー教なのか……戸惑うが、まぎれもない仏教徒だ。スリランカの仏教徒は仏さまだけでなくヒンドゥー教の神様も拝む。仏教徒がヒンドゥー教の寺院にお参りに行くのもごく普通に見られる。実際、訪れた仏教のお寺にはブッダだけでなくヒンドゥー教の神々の像も置かれ、参拝者が拝んでいた。奇妙に思うかもしれないが、日本人だって神社にも参れば寺にも行く。それと同じだ。仏教徒にとってはブッダが頂点で、ヒンドゥーの神々はブッダの弟子という扱いだ。

それにしてもヒンドゥー教の神々の姿はおどろおどろしい。破壊と創造の神シヴァ神は頭にコブラを乗せ、殺戮の神カーリーは髑髏《どくろ》の首飾りを垂らす。頭が象のガネーシャ神や猿の姿をしていて孫悟空のモデルになったと言われるハヌマーン神など、いずれも見るも奇妙な姿だ。優雅な仏像とは対極にあるように思える。仏教徒はブッダには教えを乞い、現世の御利益はヒンドゥーの神々に祈るという。ちゃんと神様のすみわけができている。

土間の向こう側からおいしそうな匂いが漂ってきた。巻きスカートをつけた中年の女性が料理している。ココヤシの白い実を削って粉にし、米の粉を加えて塩を少々ふり、水を注いで手でこねる。指先だけでなく右手の全部を使って力を入れてこねている。やがて直径10センチくらいの薄くて丸い形のモチのようなものができた。これをかまどで焼いてバナナの葉に載せ、玉ねぎやトウガラシなどを混ぜたサンボールという粉をくるんで食べる。形も味もお好み焼きのようで、なかなかいける。ロッティという名の料理だ。

サファリ・ツアーをするためミンネリヤ国立公園に向かった。草原に車を乗りいれて野生の象を見るのだ。アフリカでなくアジアで象のサファリができる。公園の入り口でジープに乗り替えた。後ろの座席の屋根が開いていて、乗客は立って外を見る。まさにサファリ用だ。向こうの草原に水たまりがあり、岸辺に象が約40頭、群れているのが見えた。1台のジープには4人しか乗れないので分乗する。早く現場に行こうと焦って、でこぼこ道を全速力で飛ばすカ

サファリ・ツアーで出会ったインド象
= 2018年1月、ミンネリヤ国立公園で

ーレースのような展開になった。

　水たまりの向こう側に着くと、目の前に野生の象がいる。インド象はアフリカ象と比べて性質はおとなしいが、それでも野生だ。こんなに近づいていいのかと思うほど、側に寄った。象との距離は10メートルもない。ナンちゃんによると、群れの中に凶暴な象が3頭いるが、今日はその3頭がいないので運転手は大丈夫だと考えて、わざわざ近づいてくれたのだという。どの象も同じように見えるが、見慣れると確かに一頭一頭に特徴がある。

　象たちは鼻を草原に押し付け、器用に草を食べる。2頭の象が向かい合って長い鼻をくっつけるような形になった。鼻でキスしているように見える。こちらでは大きな象と小象が身体を寄せ合って歩く。母と子だろう。シラサギが数十羽飛んできて象の周りに群がる。象がノッシノッシと歩いた草原から驚いて出てくる虫やミミズを食べるのだ。巨大な象と優雅なシラサギの組み合わせが絵になる。少し離れた草地には野生のクジャクもいた。

スリランカには野生の象が５０００頭いるだけでなく、１年に約２２０頭の象が生まれるという。うち１８０頭は大人になる前に病気などで死ぬ。先ほど見た小象はまだ１歳だった。野生だけに小象が親を失うのは死活問題で、孤児となった象のために国が象の孤児院を設けており、現在８０頭が収容されている。

3　伝統医療アーユルヴェーダ

翌日は世界遺産に登録されているダンブッラの石窟寺院を訪ねた。居並ぶ仏像の目がどれもパチクリと開いていて無表情だ。日本の、細目を半眼にしていかにも深い思考にふけっているような仏像を見慣れた身からすると、マネキン人形が並んでいるように見える。着ている袈裟も金色や赤など極彩色で、ウエストがくびれて姿勢もなよっとしている仏像もあり、艶《なま》めかしささえ感じる。ただ、岩をくりぬいた暗い石窟で、仏像に下から光を当てているから、何やら不気味で怖い。訪れる人々を畏怖《いふ》させるような見せ方だ。

日本の仏教は大乗仏教で仏は民を救う存在だから、慈悲に満ち沈思黙考しているのがふさわしい。一方、スリランカではすでに悟った超人的な存在だから、人間離れした顔が合っているのだろうか。スリランカで仏像の顔を見るたびに不思議に思ったが、先に挙げた『ブッダをたずねて』に「仏像の顔は『生死を超えた表情』を表現しようとした」と書いてある。なるほど、「超人」の相がこれなのだと思えば、それなりに納得する。

とはいえ凡人には、パッと見ただけには威厳がなさそうに見える。そのためか、かつてヨーロッパからの女性観光客がこの石窟寺院の仏像の膝に気軽に座って記念写真を撮影し、逮捕されたという。仏像にキスして撮影した観光客は禁固6ヵ月の刑を宣告されたそうだ。スリランカでは仏像に対する人々の尊敬の気持ちは想像以上に強い。記念写真を撮る時も仏像にお尻を向けてはならないと、ナンちゃんは口を酸っぱくして注意した。

外に出ると池にハスの花が咲いている。スリランカのハスの花は日本のハスよりも色が濃く、青紫色で光を放つように放射状に伸びる。泥から出て泥に染まらず清浄《せいじょう》無垢《むく》の美しい花を咲かせることから真実、清浄、修行の象徴とされる。煩悩の世界に悟りを開く象徴のようだと仏教界では尊ばれる。しかも普通の花は咲いた後に実をつけるが、ハスはツボミのときから実をつける。一つの花にたくさんの実をつけ、茎が真っ直ぐだという点も尊敬の対象になった。

移動の途中の道沿いに香料の植物園があった。さまざまな香料、ハーブが植えられ、その名前を書いた札が立っている。ガイドが丁寧に効用を説明した。小屋に入ると、さらに詳しい講座が始まった。配られた紙には日本語で4ページにわたっていろいろ書いてある。「ニーラヤディ・タイラヤ……頭皮に塗布することにより偏頭痛や副鼻腔炎を治療します」「シナモンオイル……悪寒、歯痛、耳痛に効果があります」など。ハーブの説明というより、このハーブ園で販売している商品の説明だ。ハーブ歯磨き粉や咳止めのシロップもある。

男性が一つ一つ製品を取り出しては効能を語り始めた。アロエから作った化粧品もあり、その場で参加者の女性の顔に白いクリームを塗って実演した。「クリームを塗ったあとは指先でマッサージします。肌を上に向かって転がすように5分間。しわにたいへん効果的です」と言うと、参加者の女性たちは説明者の指先を真似て自分の顔をマッサージし始めた。

講座で強調されたのがアーユルヴェーダだ。インド発祥の伝統医学である。漢方のようなものだ。いやインドが発祥地だから印方と言うべきか。ハーブや植物性のオイルなどを使って病気の治療や予防をする。

アーユルヴェーダの考えでは、人間の身体にはドーシャという生命エネルギーが渦巻いている。それが3種類あって、ヴァータは風のように物を動かす力、ピッタは火のように燃やして変化させる力、カファは水のように結合する力。そのバランスが崩れると病気になるという。だれもがこの三つの要素を持っているが、その割合が人によって違うそうだ。たとえばヴァータが強い人は痩せていて肌が乾燥気味で行動的だが何をしても長続きしない。ピッタが強い人は中肉中背で食欲旺盛で怒りっぽい。カファが強い人はがっしりした筋肉質をしておりオイル肌で落ち着いている……のだとか。三つのうち一番強い要素でヴァータ体質やピッタ体質などと体質が判定される。

これを聞いて思いだすのが古代ギリシャの医学者ヒポクラテスが唱えた四体液説だ。人間の体液は血液、粘液、黄胆汁《おうたんじゅう》、黒胆汁の四つがあり、そのバランスが崩れると病気になるという。血液は体熱が正しい状態にあり食べ物を完全に消化したさいに生まれ、生命の維持に欠かせない。体熱が下がると粘液が出る。上がると胆汁が出る、という。

ここから体質につながる。多血質の人は筋肉質で社交的で楽観的だ。黄胆汁質の人は乾燥肌が多く熱血的で短気であり、やりすぎて心臓や肝臓の病気になりやすい。黒胆汁質の人は痩せており寡黙で神経質、一人で思索にふけりがちだ。粘液質の人は太っていることが多く肌は湿っており、優柔不断で運動が嫌いで貧血になりやすい……という。こうしてみると、アーユルヴェーダの考え方とよく似ている。

4　星占いで人生は決まる

西洋ではこれが占星術と結びついた。生まれたときの星の位置がその人の体液や気質を決定すると考えられたのだ。血液質は木星で教養と富に恵まれ、黄胆汁質は火星で軍人気質であり、粘液質は金星で学者や芸術家が多く、黒胆汁質は土星と結びついて貧困、犯罪につながるという。

体質と占星術の結合といえば、スリランカも同じだ。シーギリヤ・ロックに行く途中、着飾ったカップルに出会った。結婚式だ。花婿は鎧《よろい》のような服を着ている。王朝時代の王子の服装だという。花嫁は白く体にぴったりした薄物のロングドレスで、インドのサリーに似たスリランカの民族衣装オサリだ。花婿は堂々と威張って先を行く。花嫁はその後ろで花束を手に、お付きを従えてしずしず歩く。

結婚の相手を決めるさいに重要なのが星占いだとナンちゃんが言う。え？　そんなもので相手を決めるのか。いや、まずは本人同士が好きあっていることが第一だが、本当に結婚する前に必ず占い師を訪れるのだという。相性が合わなければ離婚などの悲劇につながるので占いは欠かせない……とナンちゃんは真顔で語る。

スリランカの占い師は星占い、ホロスコープだ。結婚を望む二人の生まれた日と時間、考え方や性格、さらにアーユルヴェーダの分類で二人の体質を照らし合わせる。その結果が６０％以上共通するなら将来も仲良くやれると太鼓判を押す。その上で結婚式の日はいつがいいかなども占いで決める。６０％以下と宣告されてもすぐにあきらめるわけではない。なにせ愛する二人だ。別の占い師のもとに向かってセカンド・オピニオンを求める。それでもダメならやっとあきらめる方向に向かうという。

星占いは結婚のときだけではない。スリランカではことあるごとに星占いにうかがいを立てる。赤ん坊が生まれると、親は何時に生まれたかをきちんと記録する。それを星占い師に言うと、将来どんな病気になりそうだなどと教えてくれる。将来の職業まで占いでわかるという。僧になると言われると親は喜んで小さいときに息子を得度させる。生まれたときから運命が決められていると言われてもなあ……。

第4節　茶畑

1　最後の王都

古都キャンディに入った。かつて島の北部に栄えたシンハラ王朝がインドからの侵略軍に追われて山の中に逃げ込み、ここにキャンディ王国を築いた。その後イギリスに滅ぼされるまで300年以上、王朝として続いた首都がここである。海抜500メートルの高地だけに熱帯でも涼しい。気温はほぼ1年中、平均22度だ。朝晩はやや冷え込むが、快適である。シンハラ語で山をカンダというが、イギリス人がなまってキャンディと発音したのだ。

ブッダの歯をまつった仏歯寺《ぶつしじ》を訪れた。ブッダの遺骨は仏舎利《ぶっしゃり》としてあちこちの仏塔に安置されているが、とりわけ左の犬歯は4世紀にスリランカにもたらされて王権の象徴になった。これを持っていないと王様として認められない。日本の三種の神器のようなものだ。

長い参道の途中に、オレンジ色の袈裟を着た僧の像が立つ。右手を高々と挙げ、左手には引きずりおろしたイギリス国旗を持っている。イギリスから独立したとき、仏教が政治を動かし独立をもたらした誇りを伝えようとしている。

裸足になって寺の中に入ると、白い衣装に身を包んだ参拝客であふれていた。たまたまこの日は満月（ポヤ）で、満月の日（ポヤデー）という宗教上の神聖な日だった。役所も学校も、一般の会社も店もすべて休みだった。

仏歯寺の2階に上がると、板張りの床は参拝者で埋まっていた。みんな一つの方向を見て手を合わせている。視線の先にはブッダの歯を納めた部屋がある。1日3回のプージャ（礼拝）の時間だけ扉が開けられる。そのときにブッダの歯を見ようと、人々は早くからここに来て場所取りをしているのだ。とはいえブッダの歯は仏塔の形をして宝石をちりばめた黄金の容器の中にある。しかも箱は7重になっていて、そのうち最も小さい箱に歯が入っている。歯そのものを見ることはできない。

ブッダの歯がキャンディの仏歯寺に持ち込まれたのは1590年だ。キャンディ王朝の最初の王が当初の仏歯寺を建て、歯をまつった。そのときの寺は今の仏歯寺の1階にあり、人間の背丈ほどもある立派な象牙がいくつも本堂を守るように取り巻いている。もっとも、イギリスの学者が鑑定したところ、仏歯とされるものは人間の歯ではなく有史以前の獣の歯、つまり動物の化石だろうと推定されているという。

言い伝えによるとブッダの遺骨は八等分され、さらに細かく8万に分けられて各地の寺に送られた。日本にもミャンマー様式の仏塔パゴダがあり、そこに仏舎利が収められている。まあ8万もあれば、日本にいくつかあってもおかしくはない。

キャンディに伝わる独特な踊りがある。悪魔祓《ばら》いから生まれたもので、その名もキャンディアン・ダンスという。劇場に見に行った。

幕開きにブゥオーッという音が響く。ほら貝だ。上半身裸の屈強な男たちが広い舞台に登場した。頭に白いターバン、おなかを赤い腹掛けで包み、下半身は巻きスカートのような筒状の一枚布サロンを巻いている。腹の前に細長い円筒形の太鼓を水平に抱え、両手で力強く鳴らす。太鼓の皮は片方が猿で反対側は牛だ。音に違いがあり、響き渡って強烈な迫力がある。さらにチャルメラも登場してけたたましい高音をかき鳴らす。これなら悪魔も逃げ出しそうだ。

そのあとは黄色と赤の鮮やかな衣装を着た女性たちが出てきてズボンの両足を踏ん張り、伸ばした手のひらをくるくる回す。腕と足首にジャラジャラ音を出す輪をつけているので、動くたびににぎやかな音がする。踊りは豊作を祈るものや戦いに向かう戦士、神を乗せるクジャクの動きを表したものなど、それぞれに意味がある。

悪魔祓いだけに優雅さよりも、ただただ勇壮さが際立つ。最後は舞台の下の客席の前に何やら並べて火を着けた。炎の上を半裸の男たちが踊りながら歩く火渡りの儀式だ。幕開きのほら貝といい、最後の火渡りといい、ジャラジャラという音といい、密教文化とのつながり、日本の山伏の修験道を連想させる。

キャンディで7月に行われるペラヘラ祭りは、１００頭を超える象が街中を練り歩く壮大なものだ。象は宝石でキラキラ輝き花の刺繍をつけた派手な赤や黒の覆いを全身にまとい、悠然とパレードする。「アジア最大の祭り」とスリランカ人は誇る。象の1頭は仏歯が入った黄金の容器を背に乗せて練り歩く。容器は電飾で燦然《さんぜん》と輝く。沿道を埋めた人々は両手を合わせ、頭を垂れて礼拝する。

2　一面の茶畑

翌朝早く起きて車で山道を3時間半、南へ向かった。道は曲がりくねりながら山を登って行く。しだいに緑が濃くなり、両側の山の斜面が茶畑に変わった。紅茶の一大産地、ヌワラ・エリヤである。シンハラ語でヌワラは町、エリヤは光で、「光あふれる町」という意味だ。高原地帯で太陽の日差しをさえぎるものがない。あふれる陽光をいっぱい受けて茶葉がスクスクと育つ。

標高2000メートルにある茶畑。著者たち一行は茶摘みを体験した
＝2018年2月、ヌワラ・エリヤで

ブルーフィールドと名づけられた標高2000メートルの茶畑を訪れた。せっかくだから茶摘みの体験もしよう。竹で編んだ丸い籠を手渡され、リュックのように背負って畑に入った。畑の見た目は日本の茶畑とかなり違う。日本ではかまぼこ型に弧を描いて列をつくる畑がおなじみだが、スリランカのこの畑は平らだ。大人の腰くらいの高さに一面に木が伸びている。なだらかな山の斜面が茶の木で埋まっている。

摘み方は日本と似ている。間に新芽をはさんだ二枚の葉「一芯二葉」を指で摘み取る。ただし、日本では茎を傷つけないように爪でなく指の腹で折るように言われたが、こちらは爪でぽきぽきと摘む。日本で作る大半は緑茶で、茶葉を発酵させないため繊細に扱うが、スリランカは紅茶にするため、いずれ発酵させる。だから摘み方も雑で構わないのだ。

スリランカの女性たちは頭に白い布の日よけをかぶり、籠を背に茶を摘んでいる。だが、これまで見慣れた人々とどこか雰囲気が違う。茶畑で働く労働者の多くがシンハラ人ではなくてタミル人なのだ。インドから移住してきた人々の子孫である。スリランカ北部に昔から住むスリランカ・タミル人と違って、19世紀になってイギリスが植民地支配したさい、茶畑の労働力としてインドから連れてきた人々の子孫である。こちらはインド・タミル人と呼ばれる。民族的には同じだが、言葉が少し違う。

女性の1日の賃金は1000ルピーだ。日本円にして約750円である。日本のコンビニで働く1時間分ほどでしかない。日本に来てコンビニで働くスリランカ人がかなりいるが、日本で1時間働けばスリランカの1日分を稼げる。だから日本に行って仕事をしようと考える人が出るのは当たり前だ。

紅茶をつくる工場をのぞいた。だだっぴろい倉庫のような部屋は乾燥場だ。長細いプールのようなものに茶葉がびっしりと詰まっている。一度に5000キロ分を貯めるのだが、24時間置いておくと水分が抜けて重さが2500キロに半減する。そのあと乾燥機に入れて120度の温度で20分かけてぐるぐる回すと葉はパリパリに乾燥する。その後はサイズで分けて発酵させる。発酵が進むにつれて葉の色が黒っぽくなっていく。

ここで作られた紅茶の味はどうかと、喫茶室で試飲させてもらった。スプーン1杯の葉を100ccのお湯にいれて3～4分待つ。茶葉の大きさによって等級が分けられ、細長くて撚《よ》りのかかった大きな茶葉がオレンジ・ペコー（OP）だ。ペコー（白毫《びゃくごう》）はもともと最上の中国茶を指す言葉だった。次に大きな葉がブロークン・オレンジ・ペコー（BOP）だ。オレンジ・ペコーをカットしたのでブロークン（切れた）という名がついた。私たちの舌に慣れ親しんだ味である。もっと細かくなって1ミリ以下になるとダスト（D）と呼ばれる。形は粉でありダスト（ほこり）のように見え、ティーバッグ用に使われる。ナンちゃんはこれを「紅茶のクズです」と表現した。

最高級の茶葉があるというので、頼んで出してもらった。ゴールデン・チップという名がついている。チップとは、茶葉の先がくるっと丸まってまだ葉が開いていない若芽のことだ。表面には細かい毛がはえている。お湯を注いだポットの中をのぞくと、実際に金色をしている。うやうやしくいただいたが、あまりに薄味過ぎて紅茶という感じがしない。まあ、世の中では微妙さをもって上品と呼ぶから、そのようなものかと理解する。一口に紅茶と言っても、日本料理に上品な薄味の京料理と、ドーンと舌にこたえる大阪の味、さらに塩気の強い江戸前のような違いがあるのだ。

昼間は暑いものの、早朝は冷え込む。明け方の気温は4度だった。それは支配者のイギリス人には合っていたようだ。彼らはここを軽井沢のような避暑地にした。今も続く英国人主体の会員制のゴルフ場がある。ヌワラ・エリヤはリトル・イングランド（小英国）と呼ばれる。そういえばスリランカ全体にイギリスの影響は今も続いている。車道は左で車は右ハンドルだし、郵便ポストは昔懐かしい赤くて丸い形である。つまり日本と同じだ。お茶を飲む喫茶の習慣は、イギリスからスリランカに逆輸入されたものである。

3　紅茶は失敗から生まれた

一口に茶というが、発酵の程度によって6種類に分けられる。まったく発酵しない無発酵の茶が緑茶だ。私たちが普通に飲む日本茶である。発酵が進むにつれて淡い色の白茶（パイチャ）、黄茶（ホアンチャ）、青茶（チンチャ）と変わる。ウーロン茶も青茶だ。さらに発酵が進んだのが紅茶（ホンチャ）だ。それ以上に発酵が進むと茶葉が黒い黒茶（ヘイチャ）となり、その代表がプーアル茶だ。ジャスミン茶は普通、緑茶に茉莉花《まつりか》（アラビアジャスミン）の香りをつけたものである。

日本で茶といえばすなわち緑茶と思われているが、日本では摘んだ茶葉を蒸して発酵を止めている。放っておけば発酵が進み、別物になるのだ。

実は紅茶はつくろうとしてできたのでなく、偶然にできたものである。もともとは緑茶用に摘まれた茶が、たまたま紅茶になったのだ。

『一杯の紅茶の世界史』(磯淵猛著、文春新書)によると、紅茶が生まれたのは中国南部の福建省にある武夷(ウーイー)山の桐木(トンムー)村で、17世紀だった。茶畑があまりに山奥にあり、摘んだ茶葉をゴツゴツした山道を歩いて運ぶ途中、竹かごに茶葉がこすれて発酵した。おまけに周囲に生えている龍眼(ロンガン)の香りがついてしまった。しかも葉を乾燥させるさい、松の木を乾燥させずに炎にくべたため、松の煙が茶葉に付着した。これが紅茶の誕生である。「紅茶は、桐木村の失敗した茶から生まれた」と中国の茶の専門家は語る。

失敗作が商品として歓迎されたのは、イギリスの風土のためだ。ロンドンの水質は石灰分を含んだ硬水である。緑茶をいれると味も香りも弱く、タンニンの渋みが出ずに気のぬけた味となる。ところが、発酵茶だと飲みごたえがあり、マイルドで美味しい。つまりイギリスの水に合ったのだ。しかも、香りにうるさいイギリス人は紅茶の「不思議な香り」に魅せられた。たまたまついてしまった龍眼の香りが思わぬ効果を発揮したのだ。

そう、イギリス人が元々飲んでいたのは緑茶なのだ。それも中国茶ではなく日本茶である。お茶がヨーロッパに入ったのは1610年にオランダ商人が長崎の平戸《ひらど》で日本の茶を買い、本国に運んだのが最初だ。日本の抹茶や茶道が紹介され、ヨーロッパ各地の貴族に評判となった。

当時の茶碗には取っ手がなかった。あまりに熱いので持ちにくく、茶を受け皿に移して音をたてすすった。すすると酸素が混じってまろやかになったのだ。イギリスでは「万病に効く神秘な薬」と言われた。よく、船で運ぶ途中に茶葉が発酵して紅茶になったという話を聴くが、現実にはそんなことはありえないという。

強力なオランダに対抗するためにイギリスの王とポルトガル王女が政略結婚したさい、ポルトガルは持参金として7隻の船に満載した砂糖と、インドのボンベイをイギリスに贈った。現在はムンバイと名を変えたボンベイが大英帝国東インド会社の本拠になり、イギリスの世界進出が始まった。

このころイギリスは中国から茶を買っていたが、大量に買うため赤字となった。中国に何か売りつけようとしたが、まともなものは何もない。思いついたのが麻薬のアヘンだ。麻薬を取り締まろうとした中国とイギリスの間で１８４０年、アヘン戦争に発展した。お茶が元で戦争になったのだ。

4　紅茶の父、紅茶王

イギリスは遠い中国から高い茶を買うよりも、もっと本国に近い場所で茶を栽培した方が経済的に見合うと考えた。植民地のインドで茶の木の捜索が始まった。北東部のアッサム地方でイギリス軍の少佐が自生した茶の木を発見し、イギリスによる茶栽培が開始される。これがアッサム茶だ。

一方、中国の茶の苗をインドに持ち込んで根付かせようとしたが、風土が違うため失敗続きだった。唯一根付いたのがネパールに近いヒマラヤ山脈の丘陵地帯ダージリンだ。ダージリン・ティーは、伝統的な中国の茶の味を受け継いだものである。これが最高級の紅茶と言われるのはイギリス人の中国茶信仰と、あまりに奥地にあり産出量が多くないためである。

この当時のスリランカはセイロンという名前だった。イギリスの前にセイロンを植民地支配していたオランダは農園でコーヒーを栽培していた。18世紀に支配者となったイギリスもそのままコーヒーを栽培してロンドンに運びセイロン・コーヒーの名で販売した。ところが1865年にさび病でコーヒーの木が全滅してしまった。イギリス当局はコーヒーの代わりにアッサム茶の苗木をスリランカに移植し、栽培に成功する。こうしてセイロン紅茶が誕生した。

アッサムから移植した茶を根付かせるのに成功して「紅茶の父」と呼ばれたのがジェームス・テーラーだ。17歳でスコットランドからセイロンに移住し、コーヒー農園で働いた。コーヒーが全滅したあとは茶の栽培に没頭した。茶摘みの仕方を独自に研究し、製茶の機械まで開発した。植物栽培が好きで、また才能があったのだ。茶畑に住み着いて生活し、茶の栽培に人生を懸けた。この人がいなかったら今日ほど紅茶は広まらなかったろう。

手広く紅茶を販売して「紅茶王」と呼ばれたのはトーマス・リプトンだ。彼もスコットランド生まれで、両親はジャガイモ飢饉でアイルランドから逃げてきた難民である。彼は仲介人を通さない流通経路を確保し、それまでの半分の値段で売った。量《はか》り売りしていた紅茶をあらかじめ袋詰めにして手軽に販売できるようにし、薄利多売に徹した。さらに各地の水に合った紅茶ブレンドを開発した。ロンドンは石灰質の硬水なので渋みが出にくいが、スコットランドは軟水なので渋みが出る。こうした地質を丹念に研究し、さまざまな茶葉をブレンドすることで、その土地の水に合った紅茶を開発したのだ。

リプトンは自らスリランカに来て茶園を買い、コロンボに製茶工場を建てた。現在も続いているリプトン紅茶の鮮やかな黄色と赤の包装はこのとき始まった。目立つようにこの2色を選んだというが、赤と黄色は当時からスリランカの色であり国旗にも使われている。エキゾチックさを強調する効果もあったろう。「茶園から直接、ティーポットへ」という標語をつくって宣伝し、大衆に紅茶の習慣を広めたのは彼の功績である。「最高品質の紅茶を最も安い価格で」というのが彼の経営理念だった。生涯独身を通したが、その理由を問われて「紅茶の値段が妻を養うにはあまりに安すぎるから」と答えたという。

これに対して高級志向を選んだのが、リプトンよりほぼ2世紀前の人トーマス・トワイニングだ。量り売りにこだわり、上流階級に高品質の茶を売った。１７０６年「トムのコーヒーハウス」をロンドンに開店して以来、今日まで１０代続いている。

紅茶を飲む側で名高いのが１８３０年にイギリスの首相となったチャールズ・グレイ伯爵だ。大の紅茶好きでグルメな彼は、紅茶が発祥した桐木村の味にこだわって注文した。とはいえ、本場物はなかなか手に入らない。そこでトワイニング社が工夫し、本場の龍眼の代わりにレモンに似たシチリアのベルガモットで香りを付けた。伯爵を英語でアールという。これが「アールグレイ紅茶」だ。上には上がある。フォートナム&メイソン社は煙も入れて、さらに元祖の中国の風味に近い新たなアールグレイ紅茶を開発した。

イギリスではポットに入れて紅茶を注ぐが、地元のスリランカではミルクティーにするのが一般的だ。アッサムやダージリンなどインド育ちの紅茶と違って、スリランカの紅茶は色や味、香りが強くミルクティーに向いている。イギリスでは紅茶を飲みながらスコーンやビスケットを口にするが、スリランカのティーフードはチリパウダーが入ったコロッケだ。これは口が痛くなるほど辛い。ぬるめの甘いミルクティーを飲むと辛さが和らぐ。南国のけだるさと甘さが脳に広がり、眠くなる……。

お茶といえば、世界ではティーとチャと2種類の言葉で言われる。どちらも同じものだ。方言の違いにすぎない。ティーは福建《ふっけん》語であり、チャは広東《カントン》語だ。福建は台湾に面した一帯で、広東はその南に広がる。茶が船積みされた場所で、呼び名が違ってきたのだ。

第5節　憎しみの克服

1　戦後日本復興の恩人

かつての首都で今もスリランカ最大の町、コロンボに戻った。何をおいてもと訪れたのは、この章の冒頭でふれた戦後の日本の復興に貢献してくれた恩人を記念するジャヤワルダナ文化センターだ。

第2次大戦が終わった直後、戦勝国は狂暴だった侵略国・日本が二度と立ち直れないようにしようと考えた。日本を占領したのは米国だが、米軍は当初「米国だけが日本統治に責任を負う理由はない」と考え、日本を連合国が分割して統治しようとした。北海道はソ連、本州の東から中央にかけては米国、中国・九州は英国、四国は中国が統治し、東京は米英中ソの四ヵ国で共同統治するという案が出た。ソ連はさらに北海道と東北を支配したいと言いだした。そのままなら東西に分割されたドイツ、南北に分断された朝鮮半島よりもひどいことになったかもしれない。

冷戦の先行きが明らかになると米国はすぐに分割統治という考えを捨て、日本を単独で統治することにした。1947年に米国のトルーマン大統領が「封じ込め政策」を開始する前から米ソの対立は露わになっていた。分割案は立ち消えになったが、日本から莫大な戦時賠償金をとろうと日本軍によって被害を受けた国は考えた。

1950年に当時のスリランカ、イギリス領のセイロンで開かれたのが英連邦外相会議だ。ここで日本の独立と東南、南アジアの発展の必要性が叫ばれ、コロンボ計画と呼ばれるアジア・太平洋の開発途上国の発展計画が始まった。

日本が国際社会に復帰するきっかけになったのが翌年の1951年に米国で行われたサンフランシスコ講和会議だ。戦勝国や日本軍の被害を受けた国の代表が集まって戦後日本の扱いを協議した。スリランカも参加国の一つだ。

1942年に日本軍はスリランカ、当時のイギリス領セイロンを攻撃した。128機の艦載機でコロンボとトリンコマリーの港を空爆し、港にあったイギリス軍の軍事施設を破壊した。また主要産業のゴム園を焼いた。

スリランカを代表して会議に臨んだのは当時の大蔵大臣で後に大統領となるジュニウス・ジャヤワルダナだ。彼は「アジア諸国は日本が自由であるよう熱望している。日本は自由でなくてはならない」と訴えた。そして自分の国は日本軍の爆撃による損害に補償を求める権利を持っていると述べたうえで、「我々は敢えてそれを放棄する。憎しみは憎しみでなく、愛（慈悲）によって消え去る（Hatred ceases not by hatred, but by love）、というブッダの言葉を信じるからだ」と演説し、日本への賠償権を放棄し、他の国にも同じように放棄するよう呼びかけた。

この演説の中でジャヤワルダナは、戦前・戦中と植民地支配を受けてきたアジアの歴史にもふれながら、植民地主義に対しアジア諸国の結束を訴えた。そのうえで、「この条約（＝サンフランシスコ条約）の目的は日本を自由な国にし、日本の復活になんらの制約もつけず……経済に悪影響を与える賠償金を日本から取り立てないようにするためだ。我らは日本に友情の手を差し伸べ、日本人と手を携えて人類の生命の尊厳を満たし、平和と繁栄に向かって前進しよう」と結んだ。

演説が終わると会場は称賛とどよめきに包まれた。米国の当時の新聞によると「大喝采の嵐で、会議場のガラスも割れんばかりだった」という。社説は「寛容を説く普遍的哲理を示した」「歴史的な発言だ」と称えた。この演説がきっかけで参加諸国の日本に対する態度が大きく変わった。このために日本が本来なすべき戦時賠償の負担が少なくなり、戦後日本の復興につながったのだ。日本人にとって彼はまさに恩人である。

賠償といえば2018年10月、韓国の最高裁判所が太平洋戦争中に日本が強制的に行った徴用工問題で新日鉄住金に賠償を求める判決を下した。これに日本政府は、65年の日韓協定をたてに全面拒否の姿勢に出た。しかし、協定後の国会答弁で「個人の請求権は消滅していない」と言っている。この問題で大事なことは、被害者の立場に立って、その尊厳を回復することにある。そのことを忘れると憎悪の連鎖になってしまう。歴史には謙虚でなければならないのだ。

このジャヤワルダナ演説の事実は、日本でほとんど知られていない。あまりに恩知らずではないか。日本は瓦礫《がれき》の山から自力で復興したとよく言われるが、ジャヤワルダナをはじめとしたアジア諸国の寛大な心がそれを可能にしたのだ。しかも、戦後の経済復興のチャンスになったのが朝鮮戦争とベトナム戦争の特需だった。アジア諸国の苦難と犠牲の上に日本は復興に成

ジャヤワルダナ文化センターの壁に掲げられている彼の写真と言葉
= 2018年2月、コロンボで

功し、経済大国への基礎を作ることができた。サンフランシスコ条約の発効後に最も早く日本と国交を結んだのもスリランカだった。

2　450年にわたる植民地支配

ジャヤワルダナ文化センターはコロンボ中心部にあった。壁には彼の写真があり彼の言葉が書いてある。「なぜ人間が獣になり仲間を殺すのか、私には理解できない。結局のところだれもがだれかの親であり母であり子ではないか」。さらにサンフランシスコ講和会議での発言が金色で壁に刻まれていた。「HATRED CEASES NOT BY HATRED, BUT BY LOVE」という部分だけが白く目立つようになっている。日本を何度か訪れた記録も展示してあるが、日本政府や国民から相応の礼を受けたようには見えない。

彼は1978年にスリランカ第2代の大統領となった。96年に亡くなったさい、「右目はスリランカ人に、左目は日本人に」と角膜の提供を遺言し、実際に日本の女性に移植された。私たちは彼について、そしてスリランカについて、もっと知るべき義務があるのではないか。ジャヤワルダナが植民地主義との闘いを強調した背景には、スリランカが長い間、ヨーロッパの植民地となった歴史がある。

この国を最初に侵略したのはポルトガルだ。香料のシナモンを手に入れようと1505年、ポルトガル艦隊がやってきた。「白い石の殻（チーズ）を食べ赤い血（ワイン）を飲み、雷のような音をとどろかせるもの（鉄砲）を持った見知らぬ者たち」が来た、と当時の王家の記録にある。それが150年近くにわたるポルトガル植民地支配の始まりだった。ポルトガル人は仏教やヒンドゥー教の寺院を破壊して教会を建て、カトリック以外の宗教を禁止した。果ては王を改宗させて国土をポルトガルに譲ると言わせたのだ。強盗さながらである。

あまりに長く支配したため、シンハラ語やタミル語にポルトガル語の単語が入っている。ポルトガルはコロンボに要塞を造り商館を建て、カトリックを広めながら宗教の力で領地を拡大していった。

当時のスリランカは三つの王国に分かれ、互いに反目していた。ポルトガルはそこにつけこみ、瞬《またた》く間に海沿いの二つの王国を征服してしまった。残ったのが中部山岳地帯のキャンディ王国だ。キャンディの王はポルトガルと対抗するためにオランダと手を結んだ。ポルトガルを追放するためにオランダが武力を提供し、その見返りとしてスリランカの大半の支配権を得るという内容である。

オランダはこの契約にのっとってポルトガルを武力で追放した。キャンディ以外の支配権をオランダが手にしたのは17世紀の初めだ。オランダ東インド会社はシナモン貿易を独占した。しかし、1796年にはイギリスがオランダに代わる。イギリスはキャンディ王国も滅ぼして1815年、当時のセイロン全土を支配するようになった。これが1948年まで133年も続いたのだ。

第2次大戦中、人々は独立を条件にイギリスに協力した。1945年にはシンハラ、タミル、ムスリムそして混血のバーガーと、スリランカにいるすべての民族が過去のわだかまりを捨て、独立という一つの目的のために結束した。その力でイギリス当局と交渉し、独立を認めさせたのだ。周囲のインドやミャンマーなどの国々がイギリスと戦争したうえでようやく独立を勝ち取ったのと違い、スリランカは無血のうちに独立した。それはスリランカの人々にとって誇るべき勝利だった。

英連邦の自治領として独立したのは１９４８年だ。ポルトガル時代から数えて４５０年近くもヨーロッパ諸国の支配下に置かれた。独立は当時のスリランカの人々にとって念願であり、またかなわぬ夢だったから、大きな喜びだったろう。

３「時代の精神」だった社会主義

スリランカの戦後を振り返ってみよう。幸いなことにツアーの参加者の中に南アジアの専門家がいた。栃木県から参加した河内《かわち》研一さんが詳しく解説してくれた。

１９４８年にイギリスから独立したあと、統一国民党と自由党の２大政党が政治を担った。ともにイギリス統治下で植民地支配を支えた裕福な大農園主が中心だ。それぞれマークがあり、統一国民党は象印、自由党は手のひらの形だ。独立直後の統一国民党政権のあと、１９５６年には自由党のバンダラナーヤカ首相が反帝国主義、民族主義を掲げて社会主義を始めた。日本では彼を長くバンダラナイケと呼んでいたが、これは英語読みである。現地読みに従おう。

同じころ隣のインドではネルー首相の「社会主義型国家の建設」が進んでいた。中国もそうだし、ミャンマーも同じだ。当時の新興独立国では社会主義が「時代の精神」だったのだ。それが今日に至る教育と医療の無償化をもたらした。普通、社会主義といえば土地は国家のもので、その上に建つ家だけが個人の所有になるが、スリランカでは土地も個人の所有だ。

１９５５年にインドネシアのバンドンで史上初めて、アジア・アフリカ新興独立国の首脳会議が開かれた。当時の国連加盟国の半数を超える国が参加した。「バンドン１０原則」やコンセンサス方式と言われる会議の運営方法は「バンドン精神」として非同盟運動や今の東南アジア諸国連合（ＡＳＥＡＮ）にも引き継がれている。この会議のきっかけを作ったのはスリランカ、当時のセイロンの首相だった。その呼びかけで主要国の首脳がコロンボで会議を開き、準備したのだ。非同盟運動はその後も発展し、今や加盟国は１２０ヵ国になった。オブザーバー国も合わせると世界の人口の８９％に及ぶ。

翌１９５６年の総選挙で政権に就いたバンダラナーヤカはこの非同盟重視を掲げ、イギリスと交渉してコロンボとトリンコマリーにあった英国軍基地を撤去させた。６２年に中国とインドとの国境紛争が起きたさいは、支持を求めてきたネルーには応じず、コロンボで非同盟会議を開いて平和的な提案をして注目された。ここまでが河内さんの解説だ。

１９７２年には社会主義から自由経済に転換し、新しい憲法を制定して国名は「スリランカ民主社会主義共和国」となった。大統領制に転換したが、首相が大統領を任命するという変則的なものだ。大統領制と議院内閣制が混ざった珍しいシステムである。これではだれがリーダーなのか、混乱は免れない。

1977年の総選挙で統一国民党のジャヤワルダナ政権が発足すると、翌78年にもう一度憲法を改正して正式な大統領制にした。大統領は国民の投票で選ばれ任期は6年だ。大統領が首相と大臣を任命する。ジャヤワルダナは78年から1年半にわたって非同盟運動の議長も務めた。彼のもとで首都がコロンボからスリジャヤワルダナプラコッテに遷都された。

4 民族対立の内戦

そのジャヤワルダナが大統領だった1983年に本格化したのがスリランカ内戦だ。民族と宗教の対立が結びついて同じ国民が殺し合った悲惨な戦争である。もともとスリランカの南部はシンハラ人の土地だが、北部には紀元前2世紀にインドから移住してきたタミル人が住み、独自の王国を建国したこともある。とはいえ民族は違ってもとくに問題なく共存してきた。

対立のきっかけは第2次大戦後、イギリスから独立したさいのナショナリズムだ。植民地主義に抵抗するため仏教復興運動が盛り上がった。ダルマパーラという僧が先頭に立って、僧は寺にこもるのでなく社会活動をすべきだと主張した。悟りを求めて静かに祈るだけだった仏教が、「闘う仏教」に変わった。キャンディの寺でイギリスの国旗を引きずりおろした僧の像が立っていたのは、それを象徴する。イギリスへの対抗心からシンハラ人の民族主義が強くなり、キリスト教の教会を焼き討ちする事件も起きた。

1956年に首相となったバンダラナーヤカは民族主義に押されてシンハラ語を唯一の公用語に決めた。タミル人が反発したのでタミル語の使用も認めたところシンハラ民族主義者の怒りをかい、バンダラナーヤカ首相は仏僧に暗殺されてしまった。このためバンダラナーヤカ夫人が世界初の女性首相に就任した。1972年には憲法で「仏教保護は国の義務」と決めた。国名も植民地時代からの名残を引くセイロンからスリランカに改名した。

仏教中心の憲法ができて怒ったのがタミル人だ。高等教育を受けた失業青年を核に、北部でゲリラ組織「タミル・イーラム解放のトラ（LTTE）」が結成された。イーラムはタミル語でスリランカのことだ。トラは古代タミル王国のシンボルで、シンハラ人のライオンに対抗する名称である。彼らは一時、スリランカ全土の3分の1を支配した。

1983年、北部のジャフナに駐留していたシンハラ人の兵士がタミル女性に暴行した。怒ったLTTEがこのシンハラ人の兵士を殺害した。これがきっかけで、スリランカ全土でシンハラ人がタミル人を襲った。タミル人500人が殺され10万人が家を失った。ここから本格的な民族対立の内戦に突入した。

さらにシンハラ人の毛沢東主義者が人民解放戦線として武装闘争を開始し、これに対抗するため政府軍の中に暗殺部隊がつくられた。１９８０年代のスリランカはテロの時代で、「昼の政府、夜の政府、北の政府」の三つの政府があると言われた。ＬＴＴＥによる国営エアランカ機爆破事件という無差別テロも起きた。

１９８７年には政府とＬＴＴＥの和平合意が成った。しかし、ＬＴＴＥの武装を解除するためインド平和維持軍が進駐すると、反発したＬＴＴＥとインド軍との間に戦闘が起きた。紛争に介入しようとしたインドのガンディー首相はＬＴＴＥに暗殺された。９３年にはスリランカのプレマダサ大統領もＬＴＴＥによって暗殺された。泥沼のような暗殺合戦である。２００９年に政府軍の猛攻でＬＴＴＥが壊滅してようやく内戦が終結したが、この間に８万〜１０万人が死亡し、避難民は３０万人に及ぶ。

５　内戦からの復興

その後は治安が急速に回復したが、今もときおりテロ事件が起きる。とはいえ、それはタミル人が多い北部のことで、中部や南部の観光地は問題ない。私たちが回ったさいも不穏な動きはまったくなく、軍人を見かけることさえはとんどなかった。

内戦を終わらせたのはラジャパクサ大統領だったが、大統領に権限を集中する政策などで人気を失い、２０１５年に野党統一候補のシリセナが大統領に就任した。その後政局は安定するかに見えたが、シリセナ大統領が１８年１０月にラジャパクサを首相に任命したり、それがまた国会での不協和音を引き起こして翌月不信任が可決されるなど、安定しているとは言い難い。

２０１６年からは民族和解に向けて新憲法を制定する過程に入った。タミル人は連邦制を主張している。

穏やかな国民性だが、一方で戦闘的なことは市場に行けばわかる。普通、どこでも市場の売り子は座っているが、スリランカでは立って大声で叫ぶ。けたたましいほどで、口調が攻撃的でさえある。ジャヤワルダナは寛容の精神を説いたが、国民はなかなか寛容の精神を持てないようだ。

そういえばナンちゃんは、日本人が憎しみを「水に流す」のが理解できないと言っていた。スリランカではいったん和解しても根に持って、必ずあとで復讐《ふくしゅう》などの動きにつながると言う。宗教の違いも混じると、民族和解は一筋縄ではいかない。

軍は徴兵ではなく志願制だ。人口２０００万人のこの国で正規軍の兵士が１８万人、加えて警察軍が３万人の計２０万人以上も軍人がいる。人口比で１％はいかにも多い。それが国家経済を圧迫する要素にもなっている。

内戦の事情についてこの国で最も古いデイリー・ニューズ紙の42歳の編集者チャミンダ・ペレラ氏に聞いた。「LTTEの武装訓練をインドがしていたことは周知の事実だ」と、インドの内政干渉が背景にあったと彼は指摘する。「平和になった今も100%大丈夫だとは言い切れないが、社会は復興期にあり人々の生活はようやく豊かさに向かうようになった。民族の戦争を終わらせるにはタミル人にもシンハラ人とあらゆる場面で同じことができる権限を与えることが必要だ。そうすれば紛争は起きなくなる。シリセナ政権は現にそれをやっている」と述べた。民族和解の方向に進んでいるのは確かだ。

夕方、インド洋に沿った線路を列車が走る。まだ電化は先の話でディーゼルカーが牽引する。扉は開きっぱなしで、乗客が必死な顔をして車体にしがみついている。車体からはみ出た人もずいぶんいて、今にもこぼれ落ちそうだ。これでも内戦が終わって平和な状態で働けるだけ、まだましになったと言えるだろう。

スリランカ人は勤勉である。内戦の約30年間は発展から取り残された「失われた30年」でもあった。今も散発的なテロは起きるが、曲がりなりにも平和を取り戻し、ようやく発展に向かう素地ができた。

内戦からの回復も進んでいる。内戦で破壊された村や建物の修復のための国家計画が進行中だ。1990年代に16%だった失業率は2010年には5%に減った。1990年に22%

だったインフレも２０１０年には４％に落ち着いた。これに追い打ちをかけるように２００４年に津波が押し寄せて３万人が死亡し、４０００人以上がなお行方不明で１００万人以上が移住を強いられる大惨事になった。移住の費用だけで２０億ドルが必要だと言われたが、世界中から３０億ドルの支援が寄せられた。

街を走る車に日本車が多い。この国は海外からの輸入車に多額な関税をかけている。日本では３００万円の自動車が、スリランカでは７５０万円もする。それでもこれだけの日本車が走っている。急速に経済が回復しているのを示す。

政局が定まらないのは、まあ、アジアではよくあることだ。ジグザグに揺れ動きながら、将来的には安定に向かうのだろう。

第6節　未来へ、日本へ

1　教育も医療も無料

この国は独立前、第2次大戦中の1944年から教育は無償とした。それを今日まで続けている。チャミンダさんは「植民地時代には教育はなにもなかった。独立すると決めた際、まず初めに、すべての子どもたちに平等に教育の機会を与えたいという思いがあった」と話す。今、5歳で入学する5年制の小学校から4年制の前期中学校を終える13歳までの9年間が義務教育だ。教科書も無料だし、制服は布地と仕立券を国が全員に支給する。貧しい家庭の子には食事や靴も提供する。仏教の習慣に沿って制服は白色である。国立大学が総合、技術系の計51校ある。15歳から24歳までの識字率が99％あるのは誇るべきことだ。1学級の生徒数は25人以下にするというルールもつくろうとしている。

幼稚園のことをスリランカでは「モンテッソーリ」と呼ぶ。イタリアの医学博士マリア・モンテッソーリが提唱した教育法が一般的になっているのだ。モンテッソーリ博士が第2次大戦の戦火を逃れるためスリランカに来て普及した。モンテッソーリ教育とは、日本にありがちなように子どもを管理するのでなく、子どもの自発性を尊重し、自立して自分でものを考えると同時に、他人への思いやりも持つ責任感ある子を育てる教育方法だ。日本にもあちこちにあり、将棋界で記録を次々に塗り替えた藤井聡太棋士も幼稚園でこの教育を受けた。

さらには医療も無料である。乳幼児の死亡率は低く、平均寿命は７５・３歳（２０１６年）と高く、アジア諸国の中では優れている。世界男女差指数報告の２０１７年版によると、この国の健康生存率は世界1位だ。

貧しい開発途上国にもかかわらず教育と医療の無料を継続していることは称賛に値するではないか。

隣のインドを中心とした南アジア、そして東南アジア諸国に行くと子どもが物乞いをしている風景に出くわすが、スリランカではそうした光景がほとんど見られない。今回の旅で子どもにお金をせびられたのは、茶畑でタミル人の子だけだった。民族和解のためにシンハラ人の学校でもシンハラ語だけでなく英語とタミル語を小学校1年生のときから習う。だから誰でも3ヵ国語を話すことになるが、子どもは大変だ。

子どもたちの様子を見ようと、首都のアーナンダ・カレッジを訪れた。仏教系の男子校で名門だ。小中高の一貫校で1年生から13年生まで生徒は6000人、先生は300人もいる。校門をくぐってすぐの部屋には、高さ3メートルほどの大きくて白いブッダの座像がある。前を通る時は先生も生徒も手を合わせる。生徒の制服も白く、白い長そでシャツに白い長ズボン、赤いネクタイを締めている。サリーを着た日本語科の女性教師、アンジュ先生が案内してくれた。

講堂に入ると、生徒たちが舞台で伝統的な歌を歌った。ラップのように語りかけ、こぶしをしっかりきかせる。女性に声をかけるときの様子を歌にしたものだ。日本語科の生徒と交流した。16〜17歳の子に日本語を学ぼうとした理由を聞くと、「いつか大学の日本語の教授になりたい」と話す子がいる。とはいえ大学を出ても若者の失業率が高く、仕事をみつけるのは大変そうだ。外国に出稼ぎに行く人が多く、150万人もが世界のどこかに働きに出ているという。

この国の女性の地位の高さには驚く。女性参政権を含む普通選挙制度が早くも1931年に導入された。60年には世界初の女性首相がこの国に誕生した。暗殺されたバンダラナーヤカ首相のシリマヴォ夫人である。94年には、その娘のクマラトゥンガが大統領に就任し、母親は首相となった。大統領と首相が同時に女性という世界にも珍しい形となったのだ。夫の非業の死で妻が「弔い合戦」の末に政治家に就任し、名家の血族支配が続く形となったが、女性が現に国政のトップに立ったのは事実である。

2　産業と国民生活

かつてこの国の産業は稲作の農業が主体で、輸出品は茶と天然ゴムだけの典型的なモノカルチャー経済だった。今も全労働人口の半数が農民や農業関連の仕事に就いている。しかし、国内総生産（GDP）に農業が占める割合は10％台に過ぎない。輸出品のトップは繊維や衣類で、輸出の7割を工業製品が占める。とはいえ工業とは名ばかりで、賃金の安い労働者がずらりと並ぶ縫製工場でせっせと衣類をつくり、ゴムからタイヤを製造することが主である。いやもう一つ、日本の高級陶磁器メーカーのノリタケはスリランカに工場を持ち、ここで全製品の7割を生産しているという。

そういえば国民の給料はどのくらいなのだろうか。茶畑で茶摘み女性の賃金が1日で日本円にして750円ほどだとナンちゃんから聞いた。1ヵ月だと2500ルピーで2万円弱だ。ホテルのボーイは20000ルピーほどで、チップをあてにしないと生活できない。レストランの従業員が3万〜4万ルピーで、一般の公務員が4万ルピーというから5万3000円ほど。学校の先生は5万5000ルピーで医者が10万ルピー、一番いいのが裁判官で15万ルピーつまり20万円弱だ。だからナンちゃんは通訳を仕事とする前は裁判官を目指して、裁判官の秘書になったのだ。

公務員は55歳で定年を迎えるが希望すれば60歳まで勤められる。退職しても死亡するまで月に3万5000ルピー、つまり4万6000円くらいの年金が出る。本人が死ねば妻が引き継いでその年金を受け取る。なかなか良い制度だ。1年中暑くて衣服代にそうかかるわけではないから、過ごしやすい社会であることは想像できる。物乞いしなければ生きていけないという極貧層はいない。

経済の面で明らかに進出しているのが中国だ。編集者のチャミンダさんは「中国からの投資が圧倒的に多い。南部の港は100%が中国の投資で20億ドルも出している。コロンボの港は中国が埋め立てて開発を進めている。前の政権が中国を信頼しすぎて大きな権利を与えたことが背景にある。スリランカは中国に多額の借金を抱え、向こう90年間ほど中国の民間業者に港をリースして事業を託すことになった」と語った。

日本も高速道路を建設するなどしているが、中国やインドに比べればスリランカへの進出はかなり遅れている。「国民として日本に言いたい。中国やインドは裏で何を考えているかわからないところがあるが、日本はまじめで裏がない。それだけに、戦後の日本の立ち直りのさいにジャヤワルダナ氏がしたことを思い起こしてほしい」と語る。

農業国なのに食料の自給率は40%でしかない。この低さなどは日本に似ているが、日本がスリランカに協力できることはいくらでもありそうだ。サンフランシスコの恩を返すべきではないか。もっとも、日本はスリランカへの最大の援助国である。国営テレビ局や総合病院も日本の援助でできた。しかし、近年の日本の援助は軍事に偏っている。2014年に安倍首相がスリランカを訪問したさい、日本の海上自衛隊とスリランカ海軍の協力推進を取り決めた。また、中国の海洋進出に対抗するためスリランカに巡視艇2隻を贈った。同じ仏教国として尊敬される日本なのに、安倍政権のスリランカへの援助は軍事が主体だったのだ。

3　ライス&カレー

スリランカを旅して、毎日食べたのが「ライス&カレー」だった。どこであろうと、いつであろうと、食事時にレストランに入るとカレーのにおいがした。いや、漂ってきたのはカレーというよりスパイスの香りである。

とはいえ、日本のカレーライスとはまったくと言っていいほど別物だ。そもそもインド人が日本のカレーを食べて「これは美味しい。何と言う料理か」と尋ねたというくらい、日本のカレーと本場のカレーは違う。

レストランはほとんど、朝も昼も夕食もビュッフェ形式だ。まずはドンと山盛りしたライスを好きなだけ大皿に盛る。ご飯は日本のような粘り気がなく、サラサラしている。スリランカでは米の種類が日本のような丸粒のジャポニカ種ではなく、粒の長いインディカ種だ。そして米の炊き方が違う。米の芯がなくなった時点でネバを切る。途中で浮いてくるネバネバを捨てるのだ。するとパサパサして粘り気のないご飯になる。

小皿が並び、それぞれ多種多様なカレー料理が入っている。どこでもあるのはダール（豆）カレーだ。ほかにナスのカレー、ニワトリのカレー、ニンジンのカレーなど、食材ごとに分かれている。日本のようにジャガイモやニンジンなどの食材を混ぜるのではない。素材それぞれの独自の味を楽しもうという感覚だ。日本のようなドロッとしたとろみはなく、スープ状である。好きなものを好きな量だけ、ご飯のそばに盛る。

やがて大皿は、真ん中にご飯の山、周囲をさまざまなカレーが少しずつ小山のように取り巻くようになる。テーブルに着きフォークで食べてもいいが、こちらの伝統的なやり方は手で食べる。まず食卓に置かれたボールの水で右手の指を洗う。左手は不浄とされるので使わない。右手の指を使ってカレーとご飯を一口分だけ混ぜて塊《かたまり》にする。このとき指の第一関節だけを使うのがコツだという。和食で箸の先だけを使えと言われるのと同じだ。塊を指でつまんで口に近づけ、親指で押しだすようにして口に放り込む。ご飯に粘り気がないから、指にご飯粒はつかない。

料理を並べた一角に、使ったスパイスが展示してある。クミン、シナモン、カルダモン、コリアンダー、チョウジ、レモングラス、トウガラシなど12種類を並べた店もあった。アーユルヴェーダの香料園でも見たものである。これらを少しずつ調合するので、店によって味も少しずつ違う。これだけたっぷり使えば食は増進し血行も良くなるだろう。まあ、薬膳料理のようなものだ。

タミル語でご飯にかけるタレ状のソースを「カリ」と言う。それが英語でカレーと呼ばれるようになった。ソースは何種類ものスパイスをすりつぶして調合する。タクアンにも使われるターメリックのせいで黄色になる。つんと鼻をつく臭いの元はカルダモンだ。辛みはコショウやトウガラシである。元は今ほど辛くはなかった。コロンブスが新大陸からトウガラシをヨーロッパにもたらし、それがヨーロッパ人によってインドに伝わって強烈に辛くなったと言われる。朝鮮半島のキムチだって、トウガラシが入る前はあんなに辛くなかった。スリランカのカレーはインドよりも辛いと『インド・カレー紀行』(岩波ジュニア新書)の著者、辛島《からしま》昇さんは書いている。

4　日本のカレー

私たちが日ごろ食べるカレーは、インドから来たものではなく、イギリス経由の「西欧料理」だ。『日本大百科全書』第6巻（小学館）によると、イギリスの初代インド総督ヘーステイングスが1772年に「カリ」を英国に持ち帰ったという。小菅《こすげ》桂子氏は『カレーライスの誕生』（講談社学術文庫）で、彼が持ち帰ったのはガラムマサラとスパイス、米だったと書いている。ガラム（熱い）マサラ（混ぜたもの）はミックス・スパイスだ。

これをクロス・アンド・ブラックウェル（C&B）社がイギリス人の口に合うようにし、ヴィクトリア女王に献上した。C&B社はカレー粉という商品にして開発し「カレー・パウダー」として販売した。それが日本に伝わった。日本にカレーという言葉を紹介したのは福沢諭吉だ。咸臨丸《かんりんまる》で米国にわたった彼はサンフランシスコで中国語・英語辞書を見つけ、それを日本語に訳して出版した。そこに「Ｃｕｒｒｙ・コルリ」という記述がある。

明治政府が西欧の文化を採りいれようと1871（明治4）年に岩倉具視《ともみ》を特命全権大使とする視察団を派遣したさい、一行は当時のセイロンで「ライスカレイ」を食べた。1873年には大久保利通《としみち》が、1900年には夏目漱石がイギリス留学する途上にコロンボで食べている。

1872（明治5）年に刊行された『西洋料理指南』には「カレー」の製法が載っている。ネギやショウガ、ニンニクをみじん切りしてバターでいためて水を加え、ニワトリやエビ、タイ、カキ、赤ガエルなどを入れて煮たあとにカレー粉を加え、1時間煮たあとに塩とうどん粉（小麦粉）を入れる……のだ。小麦粉を使ってとろみを出すのはイギリス伝来の料理法だ。

1873（明治6）年にはすでに日本の陸軍幼年学校のメニューに「ライスカレー」があった。日本のカレーはジャガイモ、タマネギ、ニンジンが「三種の神器」と言われるが、それが完成したのは明治の終わりだ。福神漬けを添えるのは日本郵船が一等船室の食堂に出したのが始まりで、二等船室はタクアンだったという。こうして日本に広がったカレーは今やラーメンと並んで国民食となった。うどんと結合してカレーうどんとなり、パンとくっついてカレーパンを誕生させた。

ライスカレーかカレーライスか、よく論争になる。森枝卓士《もりえだたかし》氏は『カレーライスと日本人』（講談社学術文庫）で、明治初期には両方の表記があったが明治10年ころからライスカレーで統一されたと説く。前掲の『カレーライスの誕生』によると、昭和の初めにカレーが庶民の食卓に出るようになって「カレーライス」に変わっていったという。吉行《よしゆき》淳之介は『味覚の記録』（文理書院）で、西欧風なものがカレーライス、日本風にアレンジしたものがライスカレーと区別している。このように説はいろいろあるが、それよりもオムライスやハヤシライスなどのように、後ろにライスを付ける方が日本語として言いやすいからではないだろうか、と私には思える。

ともあれ、スリランカの旅では辛いカレーのそばに必ずスイーツがあった。こちらは徹底して甘い。カレーを食べてヒリヒリした舌を水牛のヨーグルトやココナッツのケーキ、マンゴーやパパイアなどの果物で癒した。

同じカレーでも、スリランカはインドのカレーと一味違うと言われる。それは油の違いだ。インドでは動物性の脂を使うが、スリランカでは身体に優しいココナッツ・オイルを使用する。動物性と植物性の違いがある。スリランカ人が物柔らかに見えるのは、植物性油を日ごろ摂っているからかもしれない。にわかには信じがたいが、ナンちゃんは「スリランカのカレーを食べていると蚊に食われない」と言う。

5　日本を考えるきっかけに

旅のあと、同行した参加者が感想を述べ合った。さらに地理教育者の小林汎《ひろし》先生の提唱で114ページもの報告集を作った。

小林先生は「発見のある旅だった」と言ってニーチェの言葉「足元を掘れ、そこに泉がある」を挙げた。具体的な発見として、スリランカの人口密度が日本に近いくらい高いことや、森林面積の割合が日本の半分でしかないことを指摘する。日本人がジャヤワルダナについてほとんど知らないことも問題だと感じた。報告集の提案に「『戦後が戦後でなくなる時代』が来るかもしれないとの危機感がある。現地で知ったことを伝えて、日本とスリランカがもっと『顔の見える関係』になり、世界の平和、人権、環境、教育などを考える一助にしたい」と書いた。

さらに帰国後、日本で売られている「午後の紅茶（ミルクティー）」はキャンディの茶葉を使い、「午後の紅茶（レモンティー）」はヌワラ・エリヤの茶葉、「午後の紅茶（ストレートティー）」はディンブラの茶葉を使って製造したという表示があることに気づいたという。

千葉県の元教師、町田程子《のりこ》さんは「女性の地位の高さに驚いた。仏教の信仰の深さにも驚いた」と語る。そして「日本も予算の使い方次第で教育も医療も無償にできるはず。日本について考える良いきっかけになった」と話す。広島の石川幸枝さんも教育と医療の無償を実現させたことに驚き、「この小さな国でできるのだから日本でも政治の力で可能だ」と思った。

大阪の元教師、廣谷淑子《としこ》さんはスリランカの教育環境に日本の教育を照らし合わせた。「日本の学校では子どもを締め付け、学校間の格差が広がっている。朝食もとれずに登校する子も多い。平等に教育の機会を与えているとは思えない。『何を大切にするか』が政治だ」と考えた。そして「日本とは何かが違う。弱者への目線の違いかもしれない。互いを思いやる優しさを持つ社会を創る努力をしないといけない」と考えた。

東京の弁護士、上条貞夫さんは「1本の歯を千年を超えて守る民族がいる。味わったことのない感動を覚えてエネルギーをもらった」と話す。妻の上条淑子《よしこ》さんはアーユルヴェーダ治療用のオイルと軟膏のセットを買い、骨折したあと痛み続けていた足に塗ってみると、翌朝から痛みがウソのように消えたと伝統医療の効果に驚いた。

同じことを感じたのが広島の大畠波枝《おおはたなみえ》さんだ。薬用オイルのお蔭で悩まされ続けていた指のあかぎれが解消したという。そして「経済大国でもないのに医療費無料、教育費無料を貫いている国民が大切にされているスリランカはスリ・ランカ(輝く島)です」と語る。アーユルヴェーダの治療を現地で体験した神奈川県の谷原邦子さんは「人々が手を抜かないことに感動した」と語る。

北海道から参加した小川知子さんは「豊かさの基準が違うと思った」と話す。名古屋の石川美保子さんは「専門学校や農業試験場を作り、日本の技術支援で上質な野菜やコメ、収穫量の増産を図るようにし、恩人の国にお礼しよう」と具体的な恩返し策を提案する。夫の達也さんは蝶の採集が趣味で捕虫網まで携えて来られたが6頭しか採集できず、「南北に長く温帯にある日本の自然の豊かさは稀有」であることを再認識した。

愛知県の高木礼次《れいじ》さんは早朝に散歩した時、ホテルの従業員用の通用口に安置された仏像にバイクで出勤してきた若者がヘルメットをとったうえ靴まで脱いで深々と礼拝するのを見て、信心が一般の市民の心にしみわたっているのを実感した。東京の田中ヨシ子さんは、日本語科の生徒と会ったことで「他国の言語を学ぶということはその国の文化、歴史、人々の暮らしをまるごと学ぶこと、その国の人々を好きになることを生徒たちに教えられた」と話す。

埼玉県の塩田利明さんは茶畑で出会った子どもたちの顔に感動した。「人間を信頼している。心にいじけのない顔、のびやかで清楚《せいそ》な姿、自然の中で育った落ち着きのある態度」を感じとり、「その笑顔は格差の少ない国であればこそ」だと気付いた。東京の土岐延子《ときのぶこ》さんは「野良犬も飢えずに伸び伸び暮らしている。寺院の参道で人間とサルが共存している。動物の命も平等に大切にされている国、穏やかで安心して暮らせる国だ」と感じた。

同じことを青森県の中村麻子さんが話す。「仏様とは故人のことと思っていたが、故人の向こう側におられる方だとわかった。仏像やお寺に帰依《きえ》している人々におおらかさと安心の境地を見た。仏様には何でも許してもらえるような気がした。今までに担ってきた重荷、サビのようなものがパラパラ剥げ落ちて身軽になった」と語る。実は中村さんにとって海外旅行はこれが初めてだった。今も「思い出しては驚き、笑いがこみあげてくる」のだそうだ。

あとがき

人は誰しも、人生で輝く時期がある。同じように、どの国にも歴史に輝く時代があり、やがて落日の日々を迎え、またいつか飛翔する。

今、日本が沈んでいる。戦後の復興、高度成長を経験したあと、長い停滞期、さらに「落日」と言われるほど坂道を転げ落ちている感がある。経済大国といわれながら、その地位を中国に抜かれ、これからどうしていいか国のビジョンを政府は示せない。日本の戦後の歴史において、今ほど自信を持てない時代はなかったのではないか。

不安を募らせる要素が原発事故、米軍基地、民主主義の空洞化、少子化そして何よりも国民一人一人が自分の生き方の目標を持てなくなったことだ。とくに日本の未来を担う若者にその傾向が強い。

では、どうすればいいのか。

抽象的な言葉でも、無意味な励ましでもなく、事実で迫ろう。アジアの小国を見ればいい。

韓国の市民は、国民を忘れた大統領を権力の座から引きずり下ろした。韓国の「民衆」の歴史と動きを見れば、私たちがなすべきことが明確に見えてくる。

ベトナムの人々がどのような思いで抗仏、抗米の闘いを展開したか。それをあらためて知ることで、解放戦争の言葉の重みが見えてくる。それは祖国の解放であり、人間の解放だった。戦前の日本の軍隊と違って、本当に国民の側に立った軍隊とは何かを、ベトナムの人々の闘い方から知ることができる。

今の日本が抱える米軍基地と原発をどうするか、という二つの大きな問題への回答を示してくれるのがフィリピンだ。この国では「ピープル・パワー」という言葉に象徴される市民の動きが、市民本位の政治を創りだした。それはときに暴走するが、ただ黙って耐え忍ぶことの多い日本人には刺激になる。

そしてスリランカ。この国は戦後の日本の復興に知られざる多大な貢献をしてくれた。戦前に侵略行為をしてきた日本を、戦後の再出発のさいにアジアが温かい目で迎えてくれたことに思いを馳《は》せよう。いまだに慰安婦問題や徴用工への賠償などの問題が噴出する日本政府の戦後処理の問題の恥ずべき愚かさが浮き彫りとなる。いま、私たちがアジアとどう向き合うべきかの方向もはっきりと見えてくるだろう。

あらためて問いたい。

今の日本は世界に誇れる国だろうか。

憲法を擁護すべき政府が、戦前の全体主義へのノスタルジアから憲法を戦前に戻して民主主義を踏みにじろうとする。話し合いをするはずの国会では与党が多数決で対話を封じ、首相がろくに答弁もしないまま重要な法案を勝手に決めて行く。日本では民主主義が明らかに後退している。

平和国家として戦後、再出発したはずなのに、政府は自衛隊を既成事実で拡大し、防衛予算の歯止めをはずして膨大な予算を付けようとする。世界では米軍基地が減っているのに、日本は例外だ。このため、世界に駐留する米軍兵士の3分の1が日本に集中するほどになった。しかも、日本の首都も沖縄も、上空は米軍が管制する。沖縄の民意よりも米軍の意図を優先する。これは独立国ではない。植民地状態である。

日本が誇りとしてきた経済大国という言葉が今や、むなしく聞こえる。国家経済は債務だらけ。大企業は内部留保を増やし、役員に途方もない多額の報酬を出す一方で、社員には働きに見合う給与を出さない。ブラック企業が野放しとなり、社会の格差は広がるばかりだ。名高い企業が製品検査で不正をする。こんな国のどこが先進国なのか。

日本社会が誇ってきたモラルは崩壊しつつある。

このまま手をこまねていれば、日本はますます没落する。私たちが暮らしにくくなるだけではない。子や孫に、生きにくい社会を押し付けることになる。そうしたくなければ今、行動に出なくてはならない。何をなすべきか。それはアジアの人々が身体を張って教えてくれる。彼らに謙虚に習い、だれもが生きやすい社会をつくるために奮闘しようではないか。

☆

『凜とした小国』を出版して、2年近くになる。映画「コスタリカの奇跡」が全国で上映されたこともあり、この間、この本に書いたコスタリカが注目を浴びた。あらためて世界の小国、それも身近なアジアの国々に目を向けると、そこには現在の日本に対する多くの教訓が満ちていることに気づいた。

私は1990年代、米軍基地の返還などでフィリピンを3度、取材した。福島の原発の事故の翌年の2012年には、富士国際旅行社が主催した「伊藤千尋さんと行くフィリピン」のツアーで、廃炉となったフィリピンの原発と返還後の基地を訪れた。

ベトナムには1989年から何度も訪れ『観光コースでないベトナム』（高文研）という本を書いた。2013年には同じく富士国際旅行社が主催した「伊藤千尋さんと行くベトナム」のツアーで3月と10月の2回、この国を訪れた。2018年には同社のツアーでスリランカを訪問した。

韓国には1988年と2000年に朝日新聞の記者として、さらに2015年にフリーのジャーナリストとして現地を訪れた。

ここに掲げたのは、そこで見た人々の生の姿である。彼らはまさに「凛」としていた。その生きざまは私たちにも「凛とした日本」であるよう迫るとともに、私たちとアジアとの関係をあらためて考え直すよう求めている。

旅を積極的に企画、実行してくださった富士国際旅行社の太田正一社長や旅の現場を仕切ってくれた遠藤茜さん、西須輝里さん、尾島礼子さん、山崎仁美さんにはひとかたならぬお世話になった。本書の刊行にあたって励まし、原稿を隅々まで読んで適切な指摘をしてくださった新日本出版社の田所稔社長と、入念な校正をしてくださった松田素子さん、近藤由起江さんには、とりわけ感謝の気持ちを伝えたい。

この本を読むことで、アジアをより身近に感じ、日本を変革するパワーにしてほしいと願う。

2019年1月　ベトナム戦争のテト攻勢から51年の日に

伊藤千尋

伊藤　千尋（いとう・ちひろ）
1949年、山口県生まれ。71年にキューバでサトウキビ刈り国際ボランティアに参加。73年、東京大学法学部を卒業、東大「ジプシー」調査探検隊長として東欧を調査する。74年、朝日新聞社に入社。東京本社外報部などを経て、84～87年サンパウロ支局長。88年『AERA』創刊編集部員を務めた後、91～93年バルセロナ支局長。2001～04年ロサンゼルス支局長。現在はフリーの国際ジャーナリスト。「コスタリカ平和の会」共同代表、「九条の会」世話人も務める。
主著に、『9条を活かす日本――15%が社会を変える』『凜とした小国』『辺境を旅ゆけば日本が見えた』『一人の声が世界を変えた！』（以上新日本出版社）、『今こそ問われる市民意識』（女子パウロ会）、『地球を活かす――市民が創る自然エネルギー』『活憲の時代――コスタリカから9条へ』（以上シネ・フロント社）、『新版 観光コースでないベトナム』『キューバ～超大国を屈服させたラテンの魂』（以上高文研）、『世界一周 元気な市民力』（大月書店）、『反米大陸』（集英社新書）、『たたかう新聞――「ハンギョレ」の12年』（岩波ブックレット）、『太陽の汗、月の涙――ラテンアメリカから問う』（増補版、すずさわ書店）、『燃える中南米』（岩波新書）など多数。

凜《りん》としたアジア

2019年2月10日　初　版

著　者　伊藤千尋
発行者　田所　稔

郵便番号　151-0051　東京都渋谷区千駄ヶ谷4-25-6
発行所　株式会社　新日本出版社
電話　03（3423）8402（営業）
03（3423）9323（編集）
info@shinnihon-net.co.jp
www.shinnihon-net.co.jp
振替番号　00130-0-13681

印刷　亨有堂印刷所　　製本　光陽メディア

落丁・乱丁がありましたらおとりかえいたします。

ISBN978-4-406-06333-3 C0095　Printed in Japan